杭州市服务业集聚区
创新发展研究

李燕青 著

浙江工商大學出版社
ZHEJIANG GONGSHANG UNIVERSITY PRESS

图书在版编目(CIP)数据

杭州市服务业集聚区创新发展研究 / 李燕青著 .—
杭州:浙江工商大学出版社,2016.11

ISBN 978-7-5178-1826-7

Ⅰ.①杭… Ⅱ.①李… Ⅲ.①服务业-经济发展-研究-杭州 Ⅳ.①F726.9

中国版本图书馆 CIP 数据核字(2016)第 212211 号

杭州市服务业集聚区创新发展研究

李燕青　著

责任编辑　梁春晓　汪　浩
装帧设计　Bryanz
责任印制　包建辉
出版发行　浙江工商大学出版社
(杭州市教工路 198 号　邮政编码 310012)
(E-mail: zjgsupress@163.com)
(网址:http://www.zjgsupress.com)
电话:0571-88904980,88831806(传真)
印　　刷　杭州恒力通印务有限公司
开　　本　787mm×1092mm　1/16
印　　张　12.75
字　　数　208 千
版 印 次　2016 年 11 月第 1 版　2016 年 11 月第 1 次印刷
书　　号　ISBN 978-7-5178-1826-7
定　　价　36.00 元

杭州市哲学社会科学规划课题基地项目
“杭州市服务业集聚区创新发展研究”（2016JD20）的成果

目 录

序言

随着经济全球化和信息技术的发展，现代服务业在社会经济发展中的作用日益突出，其发展程度已成为衡量一个城市现代化水平和综合实力的重要标志。进入21世纪后，全球进入服务经济时代，服务业在世界经济总量中的占比已经超过60%，发达国家更是高达70%以上。当前和未来很长一段时间内，我国将继续实施扩大内需的政策，着力加快经济发展方式转变，努力把经济增长模式转到内需主导、消费驱动的轨道上来，服务业的战略地位也将得到进一步提升。2010年，国务院正式批准实施《长三角区域规划》，提出长三角地区建设全球重要的现代服务业和先进制造业中心的战略定位，并指出杭州市要建设“一基地四中心”，即高技术产业基地和国际重要的旅游休闲中心、全国文化创意中心、电子商务中心、区域性金融服务中心。为加快现代服务业发展，杭州市2009年提出了“服务业优先”发展战略，推进“服务业大市”向“服务业强市”转变，积极承接国际高端服务业转移，把服务经济打造成首位经济。

集聚是驱动经济增长的引擎，集聚发展是全球服务业发展的重要趋势。现代服务业集聚区通过地理空间的集聚实现资源共享，降低企业交易成本和商务成本，提高分工效率，对提升服务业发展质量和城市功能具有重要意义，服务业集聚区已成为城市经济发展的重要动力，是推动服务业发展的重要载体和抓手。随着杭州市服务业的蓬勃发展，服务业企业在地理空间上的集聚趋势进一步增强，以“提升总量，优化结构，完善布局”为重点，不断提高产业集聚度，中央商务区、创意产业园、科技创业园、软件园、现代物流园等服务业集聚区相继建立，集聚区在服务经济中的辐射力、竞争力和影响力日益增大。

本研究在国内外经济界和理论界的研究成果基础上，结合杭州服务业集聚区的发展实际，围绕服务业集聚区发展中的现实问题进行研究，力求找出服务业集聚区发展的薄弱环节，相关政策创新的主要方向和着力点，为进一步提高集聚区发展质量，加快构建更加合理的集聚发展格局，加快建设服务强市提供政策意见。

本书是在完成杭州市发展和改革委员会一系列相关服务业课题研究成果的基础上，通过进一步丰富、提炼升华而形成的文稿。在此，衷心感谢杭州市发展和改革委员会朱师钧副主任及相关业务处室多年来的指导、关心和支持。同时也非常感谢杭州市哲学社会科学规划课题基地（杭州市社会科学院杭商研究中心）给予的资助，感谢杭州市社会科学院周旭霞研究员在本书编写及出版过程中给予的鼓励和建议。

此外，在本书的成书过程中，得到了杭州市工程咨询中心经济研究所课题研究团队的帮助与支持，感谢经济研究所课题研究团队多年来的辛勤付出和帮助支持。感谢浙江工商大学出版社编辑梁春晓的帮助。

由于水平及时间有限，本书中的一些观点和研究结论尚不成熟，恳请广大读者和专家批评指正。

李燕青

2016年8月于杭州

第一章

综　述

第一节　杭州市加快服务业集聚区建设背景

一、全球服务业蓬勃发展，加快进入服务型经济

服务业是人类社会发展到一定阶段的必然产物。服务业的发展程度与发展水平，是衡量一个国家和地区经济发展水平的重要标志，也反映了一个国家和地区经济的发展阶段。现代服务业是依托信息技术和现代管理理念而发展起来的服务业，是衡量地区综合竞争实力和现代化水平的重要标志之一。自20世纪80年代以来，全球服务业蓬勃发展，产业结构呈现出“工业型经济”向“服务型经济”转型的总趋势，已进入服务经济为主的时代。一般认为，服务经济为主是指服务业增加值占国内生产总值的比重超过60%，或者服务业从业人员占全社会从业人员的比重超过60%的一种经济形态。

世界经济已进入服务经济时代，服务业成为全球经济重心，并呈现国际化、知识化、专业化、融合化“四化”新趋势。据统计，至2014年底，世界

服务业占 GDP 比重的平均水平已达到 68%，而欧美等发达国家服务业的比重已超过 80%，纽约、伦敦等大都市，服务业比重已接近 90%。全球服务业国际化、知识化、专业化、融合化趋势日益明显，服务业的深度和广度不断拓展，专业化程度不断提高，知识密集、高技术含量的服务业带动作用日益增强，与制造业等其他产业融合度加深，服务业跨国投资、服务贸易、服务外包等形式的国际服务业转移趋势方兴未艾。当今社会，服务业对于城市的发展发挥着越来越重要的作用，成为推动经济增长、吸纳就业、调整结构、提升产业竞争力的重要力量。服务业比重随着经济的发展而不断上升是一个普遍认可的规律。

二、服务业向大城市集聚，呈现集群化发展趋势

城市化是服务业发展的基础条件。服务业的发展以城市为依托，城市化为服务业的发展提供了天然的制度土壤，服务业的发展贯穿了城市发展的整个过程，并在城市发展的不同时期体现出不同的特征和作用，城市化的过程就是服务业的发展、演进过程。有关研究表明，城市化进程与服务业发展水平呈现出显著的正相关关系，城市化加速推进过程中，随着各种要素的集聚，特别是人口规模的扩大和人民生活水平的提高，必将产生对生产服务和生活服务的强劲市场需求，不仅推动传统、既有服务业的调整和提升，还将推动新兴服务业的产生和发展。城市化诱发服务业新兴行业的出现及传统服务行业的发展，从城市和服务业的发展历史可见，城市初期主要是农产品的集散地和手工业的集中地，很多传统服务行业最初也是出现在城市；到城市化中期，服务业发展将更加明显地呈现出向城市特别是大中型城市集聚的趋势和特征，大型和特大型城市成为引领一个国家或者一个地区服务经济发展的龙头。

在城市内部，服务业既可能向特定区域集聚，形成综合性或专业化的服务业产业集群，也可能向制造业集聚区域集中，与相关制造业融合发展。不同规模的城市使服务业发展呈现不同服务业集群，由工业化集聚产生的中小城市发展起来的服务业，其核心产业是流通部门，服务业的比重要低于第二产业；大城市或特大城市服务业的核心部门主要是外部效应较高的现代生产服务业和生活服务业，服务业的比重要高于第二产业。世界城市发展的现实也表明，现代

城市特别是国际经济中心城市已经成为服务业集聚发展的主要载体，如美国纽约形成了以金融服务为主导的服务业集群发展模式；日本东京形成了以产品研发和技术创新为主导的服务业集群发展模式；我国上海陆家嘴金融贸易区初步形成了以金融业为核心的服务业集群，浙江义乌形成了小商品批发业集群。

三、服务业集聚发展涌现，成为地区经济主推手

服务业发展到一定阶段后，基于成本、规模等因素驱动，将产生在地理空间上集聚发展的内在要求。现代服务业集聚区具有经营成本、专业化、创新、信息、市场营销、品牌、政府服务和管理等优势，它在行业内具有很强的资源整合能力，在区域内具有很强的辐射带动功能，因此，许多先进城市和地区不仅建立起以服务经济为主的产业结构，并形成以服务业集聚区为主的战略模式，如美国纽约麦迪森大道的广告业集聚区、华尔街的金融业集聚区、硅谷的IT服务业集聚区，英国伦敦城和日本东京新宿的金融业商务区等，对地区经济发展起到重要的推动作用。美国纽约金融服务业占当地GDP的比重为40%左右，其金融衍生工具成交量、外汇交易量、外国证券发行量分别占全球的14%，16%，34%。

四、产业转型升级步伐加快，要求优先发展服务业

杭州正面临着资源环境要素制约和国内外竞争不断加剧的挑战，杭州市产业长期积累的素质性、结构性深层次矛盾明显，加快转型、率先转型迫在眉睫。服务业能耗和污染排放相对较小，对节能减排、加快发展方式转变具有重要促进作用。从发展趋势来看，2016—2025年，杭州的第二产业比重将稳中趋降，创新成为发展主要驱动力，经济对信息、技术、服务、知识等“软要素”的依赖程度加深，技术、知识密集型产业得到蓬勃发展，服务业特别是金融、信息、研发设计等生产性服务业将成为杭州经济发展的主导力量，在经济社会发展中的作用越来越明显。构建具有杭州特色的现代产业体系，率先形成以服务业为主的产业结构，必须将服务业作为优先发展方向，努力形成高端化、特色化的现代产业体系和高层次的“三二一”产业结构。

五、服务业集聚区快速发展，打造服务业首位经济

服务业集聚区是以某一服务产业为主体，相关服务业相配套，产业特色鲜明，空间相对集中，具有资源集合、产业集群、服务集成功能，服务业集聚度达到一定水平的区域。服务业集聚区是服务业发展中的重要载体。加快服务业集聚区发展，有助于提高产业集聚度，降低生产成本和交易成本，促进土地等资源的集约利用，提高服务业投资质量和效益，提升服务业发展水平和层次。因此，推动服务业集聚区建设，是杭州市落实“服务业优先”战略，促进服务经济成为杭州的“首位经济”，打造浙江省服务业中心城市和长三角现代服务业中心，增强城市服务功能的重要抓手。

第二节　主要研究内容和研究思路

一、主要研究内容

本书主要研究内容包括以下八部分：

（1）服务业发展相关理论综述。主要包括服务业发展相关理论研究与服务业集聚发展理论研究。

（2）服务业集聚区形成模式与经验启示。通过服务业集聚区内涵与机理分析，明确服务业集聚区定义和特征、服务业集聚区的影响因素、服务业集聚区形成和发展的机理。然后对服务业集聚区发展模式进行分析，重点探讨了商贸流通服务业集聚区发展模式、现代物流业集聚区发展模式、文化休闲旅游区发展模式、专业化市场发展模式、汽车服务业集聚区发展模式、邻里中心发展模式等。最后是国内外服务业集聚区的发展经验借鉴。

（3）杭州市服务业发展现状与主要做法。首先从总量、结构、业态、集聚、环境等诸多维度全面地刻画杭州市现代服务业的发展现状和特点。归纳整理杭州市发展服务业的主要做法。

（4）杭州市服务业集聚区发展现状与主要做法。着重分析杭州市服务业

集聚区总体发展状况。进一步分析杭州市文化创意产业集聚区、信息与软件产业集聚区、金融服务业集聚区、物流业集聚区等典型服务业集聚区的发展情况。分析杭州市服务业和集聚区存在的问题。最后给出两个典型、成功的服务业集聚区运行管理案例。

（5）杭州市服务业集聚区发展思路。首先分析推进现代服务业集聚区发展的意义。然后提出杭州市服务业集聚区建设的总体设想，主要包括总体要求、推进思路、建设原则、建设目标、集聚导向等。提出杭州市服务业集聚区重点发展方向，主要从集聚区建设形态和建设重点进行分析。提出杭州市服务业集聚区的推进举措，重点从组织管理、自主创新、要素保障、开放运营、政策扶持等角度进行探讨分析。最后是分析杭州市服务业集聚区的运行管理，从服务业集聚区认定管理和服务业集聚区考核管理两个维度进行探讨分析。

（6）杭州市服务业集聚区评估指标体系。通过分析建立评估指标体系的基本要求，包括与认定标准相衔接，与分类管理相对应，与统计口径相一致，与集聚特征相吻合。明确评估指标体系的构成，即发展潜力、集聚效应、硬件环境、软件环境。提出指标评分标准与评估流程。最后，对申报阶段、评估阶段、管理阶段分别提出实施评估指标体系的对策建议。

（7）杭州市服务业集聚区公共服务平台建设。首先分析杭州市服务业集聚区公共服务平台现状，然后对服务业集聚区平台需求进行分析，通过借鉴国内外服务业集聚区公共服务业平台建设经验，提出杭州市服务业集聚区公共服务平台的发展思路，然后分析不同类型公共服务平台的主要任务，最后提出杭州市服务业集聚区公共服务平台建设的对策建议。

（8）杭州市服务业集聚区发展政策创新。对杭州市服务业企业经营生态进行分析，对服务业集聚区政策需求进行调研，提出促进服务业集聚区发展的建议，总结提炼杭州市促进服务业集聚区发展的政策创新方向。

二、研究思路

本文研究的主要思路如图 1–1。

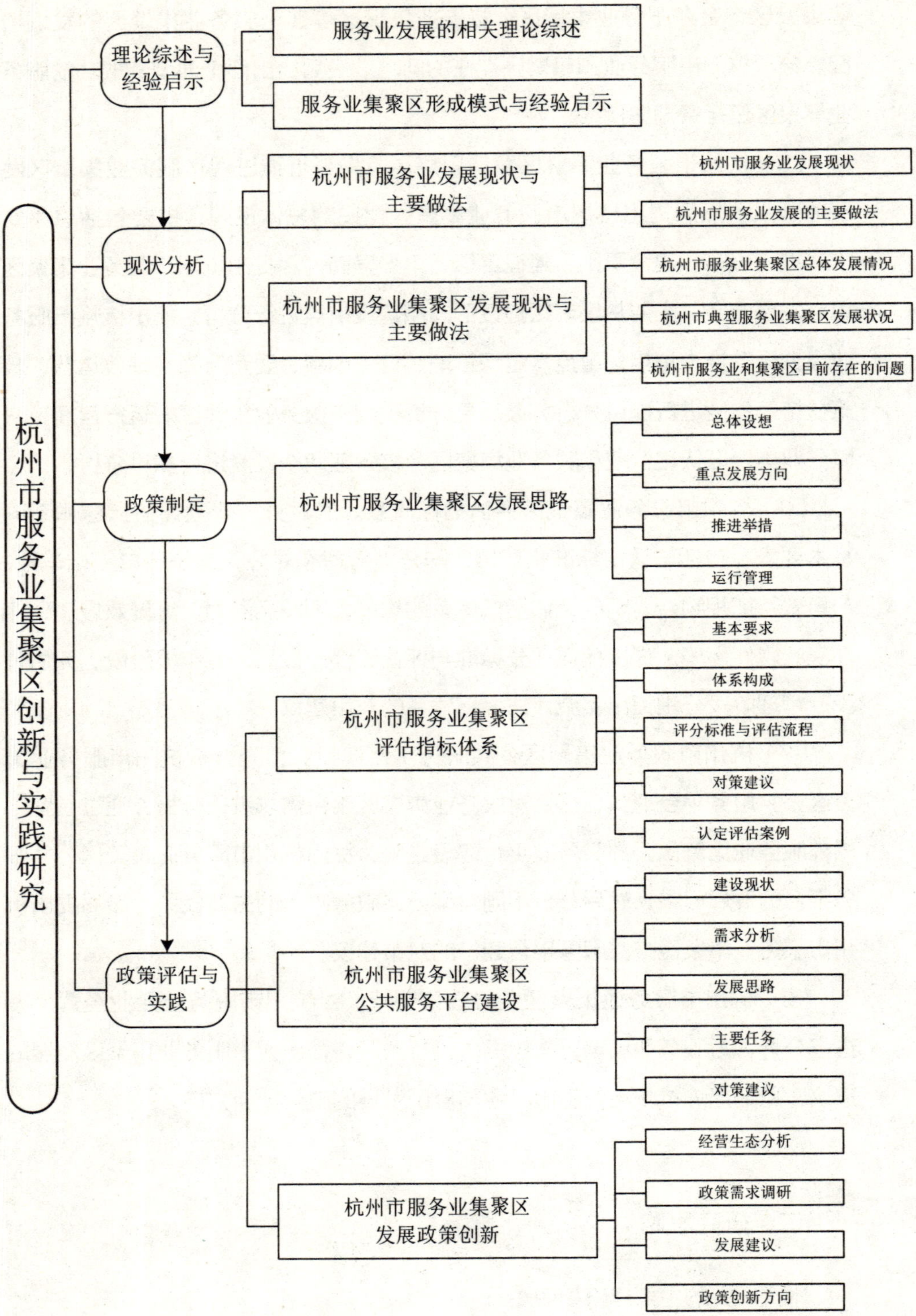
杭州市服务业集聚区创新与实践研究
理论综述与经验启示
服务业发展的相关理论综述
服务业集聚区形成模式与经验启示
现状分析
杭州市服务业发展现状与主要做法
杭州市服务业发展现状
杭州市服务业发展的主要做法
杭州市服务业集聚区发展现状与主要做法
杭州市服务业集聚区总体发展情况
杭州市典型服务业集聚区发展状况
杭州市服务业和集聚区目前存在的问题
政策制定
杭州市服务业集聚区发展思路
总体设想
重点发展方向
推进举措
运行管理
政策评估与实践
杭州市服务业集聚区评估指标体系
基本要求
体系构成
评分标准与评估流程
对策建议
认定评估案例
杭州市服务业集聚区公共服务平台建设
建设现状
需求分析
发展思路
主要任务
对策建议
杭州市服务业集聚区发展政策创新
经营生态分析
政策需求调研
发展建议
政策创新方向

图 1-1　研究思路框架图

第二章

服务业集聚区发展相关理论研究综述

任何一项研究都离不开科学研究方法的指导。服务业作为国民经济三大产业之一，具有一般产业发展的经济规律，也具有其特殊的发展规律。为此，我们有必要对国内外服务业发展研究的理论进行简单综述。服务业概念在理论界尚有争议。一般认为服务业即指生产和销售服务产品的生产部门和企业的集合。服务产品与其他企业产品相比，具有非实物性、不可储存性和生产与消费同时性等特征。在我国国民经济核算实际工作中，将服务业视同第三产业，即将服务业定义为除农业、工业之外的其他所有产业部分。国外经典的服务业理论研究主要包括：服务业发展的阶段理论、产业结构演变理论、服务业与工业的关系理论、服务业发展的区位理论等。其中，服务业发展的阶段理论、产业结构演变理论、服务业与工业的关系理论主要从产业发展、经济结构视角进行研究；而区位理论主要从空间视角进行研究，是服务业集聚发展的理论基石，主要包括中心地理论和集聚理论。

第一节　服务业发展相关理论研究

“服务业”概念最早由克拉克在 1957 年提出，在这之前，理论界以“第三产业”来称呼。从 1935 年英国经济学家费雪最先提出“第三产业”概念，到 1957 年克拉克把第三产业称作“服务性产业”，发现“克拉克定律”，服务业的理论粗具体系。

一、服务业发展的阶段理论

阶段理论是按照科学技术、工业发展水平、产业结构和主导部门的演变特征，将一个地区、一个国家，甚至全世界的经济发展历史分为几个阶段，用经济理论解释经济历史进程的理论。服务业与经济发展密切相关，在经济发展阶段中服务业具有重要的阶段特征。罗斯托的经济增长六阶段理论和贝尔的“后工业社会”三阶段理论是诠释了服务业发展历史进程特征的阶段理论。

（一）罗斯托的经济增长六阶段理论

罗斯托（W. W. Rostow）是非均衡经济发展理论的代表人物之一，他基于经济史的视角，在 1960 年出版的《经济成长的阶段》一书中，根据经济发展水平，提出了经济发展的五阶段理论：传统社会阶段、起飞前准备阶段、起飞阶段、成熟阶段及大众高消费阶段。1971 年，罗斯托又补充了第六个阶段即追求生活质量阶段。罗斯托对于服务业在经济发展阶段中的重要性给予了高度重视，在经济发展的几个阶段中，服务与服务业的发展及其重要性，由低向高递进。

传统社会阶段处于原始状态，生产力主要集中在农业，服务业还处在萌芽阶段。

起飞前准备阶段是一个转型时期，由传统社会向起飞阶段过渡的时期，社会逐步趋向商业化，服务业发展开始抬头，大量的农业劳动力向工业、交通、贸易和服务业转移。

起飞阶段是一个较长的过程，服务业开始进入快速增长的稳定时期，传统产业实现了工业化，步入了现代化进程，新的价值结构已经形成并占据了主导地位，生活的服务化开始深入人心，服务业的发展进入了一个全新的阶段。

成熟阶段是一个更长的发展阶段，也可以说是一个“纯技术阶段”，高科技的发展使各个行业都受益匪浅，服务业的发展也进入飞速发展时期，成为国民经济发展中占主导地位的产业，服务业已经超过了工业和农业，成为三次产业的主体。

大众高消费阶段，人们衣食住行的需求得到完全满足，人口高度城市化，就业劳动力高度“白领化”，物质财富高度发达，人们的需求已经从物质的需求转向了服务的需求，社会全面进入了服务型社会，国民经济的发展也已全面步入服务经济与体验经济时代，服务与体验成为商业发展中的关键。

追求生活质量阶段，以服务业为代表的与提高居民生活质量密切相关的部门成为主导部门，如教育、卫生保健、文化娱乐、旅游、市政建设、社会福利等，重点解决可能妨碍社会顺利发展的社会问题，不再以有形产品数量的多少来衡量社会的成就，而是以服务形式反映的生活质量作为衡量成就的新标准。

（二）贝尔的“后工业社会”三阶段理论

“后工业社会”的思想大约出现于1965—1975年间，美国社会学家丹尼尔·贝尔（Daniel Bell）于1974年发表了《后工业社会的来临》一书，以“工业社会”为基准，提出“后工业社会”理论，认为发达国家的社会结构将随“服务经济”的到来而发生根本的变化，后工业社会社会结构的重大变化就是从以商品生产为基础转向以服务行业为基础。贝尔将人类社会发展划分为三个阶段：前工业社会、工业社会和后工业社会。分析了在这三个阶段中服务业的发展问题：在前工业社会中，即传统制度下的农业社会，生产率低下、剩余劳动力多且素质差，因此，服务业主要为个人和家庭服务；在工业社会中，也就是商品生产社会，以与商品有关的服务业（商业）为主；在后工业社会中，社会的基础是服务，以知识型服务和公共服务为主。三大发展阶段相对应的人均收入水平分别为：前工业社会人均收入50—200美元；早期工业社会人均收入200—600美元；工业社会人均收入600—1500美元；发达工业社会人均收入1500—4000美元；后工业社会人均收入4000—20000美元。

贝尔还进一步分析了后工业社会的四大特征：一是后工业社会是服务社会；二是知识、科技和技术在社会生活中占据了主要地位；三是专业人员和技术人员具有突出重要性；四是价值体系和社会控制方式发生了很大变化。总之，以贝尔的“后工业社会”理论，服务业在经济发展的各阶段中，基本的发展历程为：个人服务和家庭服务——交通通讯及公共设施——商业、金融和保险业——休闲性服务业和集体服务业。也证明了两点：一是服务业作为一个产业整体，在经济发展的三个时期中实际都在发展，它不像工业那样只在一个时期有显著增长；二是服务业在不同时期适应不同的生产技术水平有不同的内部变化和发展。

二、产业结构演变理论

产业结构是指国民经济的各个产业部门之间和每个产业内部的构成，以及它们之间相互制约的经济联系和数量对比关系。所谓产业结构理论是以研究产业发展变化趋势和产业之间的比例关系为对象的应用经济理论。广义的产业结构理论包括狭义的产业结构理论和产业关联理论。狭义的产业结构理论是从“质”的角度动态地揭示经济发展过程中的国民经济各部门，起主导或支柱地位的产业部门的不断替代的规律及其相应的“结构”效益。产业关联理论是从“量”的角度静态地研究和分析一定时期内产业间联系与联系方式的技术经济数量比例关系，即产业间“投入”与“产出”的量的比例关系。产业结构理论起源于 17 世纪，形成于 20 世纪 30—40 年代，发展于 20 世纪 50—60 年代。W. 配第、魁奈及亚当・斯密是产业结构理论的重要思想来源之一，对产业结构理论研究做出突出贡献的代表人物包括里昂惕夫、库兹涅茨、A. 刘易斯、赫希曼、罗斯托、钱纳里、霍夫曼、希金斯及一批日本学者等。产业结构理论包括结构演变趋势理论、结构调整理论、结构演变模式，其代表人物主要有克拉克、库兹涅茨、霍夫曼和里昂惕夫等。代表理论主要有配第—克拉克定律、库兹涅茨人均收入影响论、罗斯托主导产业扩散效应理论、钱纳里工业化阶段理论，以及服务业和工业融合发展理论等。

（一）配第—克拉克定律

英国经济学家配第和克拉克通过研究，先后发现：随着全社会人均国民收入水平的提高，就业人口首先由第一产业转移；当人均国民收入水平有了进一步提高时，就业人口便大量向第三产业转移。这种由人均收入变化引起的就业转移现象称为“配第—克拉克定律”。早在 17 世纪，配第第一次发现了世界各国的国民收入水平差异及其形成不同经济发展阶段的关键原因在于产业结构的不同。他在 1672 年出版的《政治算术》中就通过考察得出结论：工业比农业的收入多，商业又比工业的收入多，即工业比农业、商业比工业附加值高。1691 年，他根据当时英国的实际情况明确指出："工业往往比农业、商业往往比工业的利润多得多。因此劳动力必然由农转工，而后再由工转商。"

英国经济学家克拉克在配第的研究成果之上，重新发现并第一次研究了产业结构的演进趋势，得出了产业结构演进的规律性结论。克拉克在 1940 年出版的《经济进步的条件》一书中，通过开创性的统计分析和研究，揭示了人均国民收入水平与结构变动的内在关联，重新发现了配第定律。克拉克发现：随着人均国民收入的提高，劳动力首先由第一产业向第二产业转移；当人均国民收入水平进一步提高时，劳动力便向第三产业转移。劳动力在不同产业之间流动的原因在于各产业之间收入的相对差异。该定律通过揭示工业化过程中劳动力由生产率低的部门向生产率高的部门转移的规律，反映了经济增长方式的转变过程，表明就业结构是一个国家或地区经济发展阶段的重要标志。

（二）库兹涅茨人均收入影响论

库兹涅茨在继承配第和克拉克等人研究成果的基础上，从国民收入和劳动力两个方面，探讨了国民收入与劳动力在三次产业分布与变化趋势之间的关系，从而深化了产业结构演变的动因方面的研究，揭示了产业结构变动的总方向，进一步证明了配第—克拉克定律。他发现的这种变动规律，即产业结构的变动受人均国民收入变动的影响，被称为库兹涅茨人均收入影响论。他在《各国的经济的增长》一书中，根据 57 个国家的统计资料，整理出 1958 年在人均国内生产总值几个不同基准点的产业结构变化趋势。库兹涅茨发现：随着时间的推移，第一产业的国民收入在整个国民收入中的比重与该产业中劳动力相对比重一样，呈不断下降趋势；第二产业的国民收入相对比重和劳动力相对比重的基本趋势是不断上升的；第三产业的劳动力相对比重，几乎在所有的样本国家都呈上升趋势，但国民收入的相对比重却未必与之同步，综合地看，国民收入的相对比重在这些样本国家中是大体不变或略有上升的；工业在国民经济中的比重将经历一个由上升到下降的"∩"形变化。

（三）罗斯托主导产业扩散效应理论

罗斯托首先提出了著名的主导产业及其扩散理论，主要观点是产业结构的变化对经济增长具有重大的影响，在经济发展中重视发挥主导产业的扩散效应。在《从起飞进入持续增长的经济学》一书中，罗斯托详细地分析了主导产业部门在经济起飞中的作用。他认为，无论在任何时期，甚至在一个已经成熟并继续成长的经济体系中，经济增长之所以能够保持，是因为为数不多的主导部门迅速扩大，而且这种扩大又产生了对产业部门的重要作用，即产生了主导产业的扩散效应，包括回顾效应、旁侧效应和前向效应。

其中，回顾效应是指新产业部门处于高速增长时期，会对原材料和机器产生新的投入需求，从而带动一批工业部门的迅速发展；旁侧效应解释的是主导产业部门引起周围一系列变化，而这些变化趋向于更广泛地推动工业化现象；前向效应即主导产业部门通过增加有效供给促进经济发展。同时，他根据科学技术和生产力发展水平，将经济成长的过程划分为传统社会、起飞前准备阶段、起飞阶段、成熟阶段、大众高消费阶段、追求生活质量六个阶段，而每个阶段的演进是以主导产业部门的更替为特征的。他认为经济成长的各个阶段都存在相应的起主导作用的产业部门，主导部门通过回顾、前瞻、旁侧三重影响带动其他部门发展。罗斯托的这些理论被称为罗斯托主导产业扩散效应理论。

（四）钱纳里工业化阶段理论

钱纳里从经济发展的长期过程中考察了制造业内部各产业部门的地位和作用的变动，揭示了制造业内部结构转换的原因，即产业间存在着产业关联效应，为了解制造业内部的结构变动趋势奠定了基础。他通过深入考察，发现了制造业的发展受人均 GNP、需求规模和投资率的影响大，而受工业品和初级品输出率的影响小。他进而将制造业的发展分为三个发展时期和三种不同类型的产业：经济发展初期和初级产业，中年期和中期产业，后期和后期产业。初级产业是指经济发展初期对经济发展起主要作用的制造业部门，例如食品、皮革、纺织等部门；中期产业是指经济发展中期对经济发展起主要作用的制造业部门，例如非金属矿产品、橡胶制品、木材加工、石油、化工、煤炭制造等部门；后期产业是指在经济发展后期起主要作用的制造业部门，例如服装和日用品、印刷出版、粗钢、纸制品、金属制品和机械制造等部门。

（五）霍夫曼工业化经验法则

20 世纪 30 年代初，德国经济学家霍夫曼对工业化问题进行了许多富有开创性的研究，通过设定霍夫曼比例或霍夫曼系数，提出了随着一国工业化的进展，霍夫曼比例呈现出不断下降的趋势，霍夫曼比例越小，重工业化程度越高，工业化水平也越高，这就是被称为“霍夫曼工业化经验法则”的问题阶段理论。根据霍夫曼比例或系数，即消费品工业净产值与资本品工业净产值的比例，依据对 20 多个国家工业内部结构时序划分和计算分析，把工业发展划分为 4 个阶段。

第一阶段，消费品工业占主导地位，资本品工业不发达，霍夫曼比例为（5±1）；第二阶段，资本品工业快于消费品工业的增长，消费品工业降到工业总产值的 50% 左右或以下，但消费品工业的规模仍然比资本品工业的规模大，霍夫曼比例为（2.5±0.5）；第三阶段，资本品工业继续快速增长，并已达到和消费品工业相平衡状态，霍夫曼比例为（1±0.5）；第四阶段，资本品工业占主导地位，资本品工业的净产值已经超过消费品工业的净产值，这一阶段被认为实现了工业化，霍夫曼比例为 1 以下。在实际应用中，霍夫曼比例往往用轻工业品净产值与重工业品净产值的比例来表示。霍夫曼的工业阶段论阐述的主要是工业过程中重化工业阶段的演变情形。

（六）服务业与工业融合发展

20 世纪 80 年代，西方一些经济学家认为，现代工业已经不再是传统的工业，而是“新工业”，产生了产业服务化和服务产业化等不同的观点。一种观点认为，工业生产将趋向“服务密集”，即工业产品的生产会融入越来越多的服务作为中间投入因素，无论什么产业都将逐渐地转向服务化发展；另一种观点则认为，服务业的生产方式将摆脱过去的小生产方式而融入更多的工业化生产方式，即服务的生产将走向产业化。服务业与工业融合发展体现的是两者之间一种更强的专业化分工，它们之间相互支撑、协调发展，主要有产业服务化理论与服务产业化理论。

1. 产业服务化理论

美国经济学家谢尔普（Shelp，1984）和雷丁（Riddle）认为，尽管需求最终决定生产，但在需求结构变化不大的情况下，由于生产制度、生产要素、生产技术的变化，生产方式也会出现重要变化。在现代社会，无论是产品还是生产组织都变得越来越精巧和个性化，由此对服务的需求也不断增长，服务已经渗透到生产环节的每一个领域。这种服务主要体现为中间性服务和互补性服务，即：①直接作为工业企业的中间投入；②作为商品交换过程的一部分的流通和金融服务；③与新生产结构相适应的人力资本的形成所需要的服务；④对整个生产体系进行空间上协调和规制所需要的服务。这四点构成了与生产技术和生产组织方式变化相联系的“新服务经济学”的核心。

谢尔普和雷丁认为工业在社会经济发展中居于中心地位，服务业主要以“中介”或“补充”的角色依附于工业，生产服务业是服务业中最主要的部分，其增长最强劲。服务业是伴随着商品生产发展起来的。在工业生产的过程中，商品和服务是互补的，且生产者服务是服务增长的最强部分。支持产业服务化的经济学家谢尔普和雷丁等人认为产业服务化必将成为今后经济发展的一个不可扭转的趋势。对于工业与服务的关系，他们的主要论点可以分为三点：第一，商品与服务是互补的，商品的多样化和复杂化同时意味着对服务需求范围和种类的扩大。第二，生产者服务是服务业增长的最强劲和最主要部分。某些服务由于可以标准化而能够实现不同程度的工业化，这些服务业因而可以达成规模经济和提高生产率，即从技术层面看，这些服务业具有工业的特点。第三，在新的社会制度结构（主要是城市化）中对企业的“高级服务”是不可避免的。从这些论点看出，生产方式虽然日益“服务化”，但这些变化无非是商品本身生产过程的组织或技术的变化，或者是由于商品生产的复杂化所引起的对服务需求的增加。总之，服务是围绕商品生产展开的。

2. 服务产业化理论

服务产业化理论认为，西方经济中服务业发展过度，已经超出了工业生产能力所允许的范围。服务业生产率增长缓慢已经成为一种障碍，阻碍着整体生产率的恢复和提高，因此，服务业的产业化便成为新资本积累和生产发展的前提条件。在这一理论中，鲍莫尔—富克斯假说，为服务产业化理论提供了理论基础。鲍莫尔—富克斯假说的基础模型是美国经济学家威廉·杰克·鲍莫尔（William Jack Baumolr）的两部门非均衡增长模型，这一模型所蕴含的思想特别适用于分析服务业。鲍莫尔—富克斯假说基本观点可以概括为：第一，与其他产业特别是与制造业相比，服务业的劳动生产率增长滞后；第二，服务就业增长相对较快，原因是多方面的，但主因是服务业的劳动生产率增长相对滞后；第三，服务的需求弹性对服务业的增长有重要影响，较低的价格弹性会导致“成本病”。

利用鲍莫尔—富克斯假说模型进行分析的最终结果就是：如果越来越多的劳动力进入劳动生产率相对较低的部门，经济增长最终将趋于停滞。因此，服务业必须提高其劳动生产率，否则将阻碍整个经济的持续增长。而对于提高劳动增长率而言，引进新技术、开展工业化的产业化经营是一条可行之路。服务业的产业化问题就是将服务生产制造业化，首先将服务业的生产、市场推广和客户服务标准化，其次借助新的信息技术和通信技术的发展，提高服务业的效率，改造服务业使之基本实现“产业化”。

总之，“服务产业化”和“产业服务化”现象都有一定的事实基础，工业与服务业实际上是互相渗透的，既有“产业的服务化”，也有“服务的产业化”，都表现出服务业与工业的关系，它们的变化是经济结构的变化。

第二节　服务业集聚发展理论研究

集聚理论重点描述产业集聚现象，产业集聚是指同一产业在某个特定地理区域内高度集中，产业资本要素在空间范围内不断汇聚的一个过程。自19世纪以来，国内外学者对产业集聚理论展开了非常丰富的研究，产业集聚的研究肇始于区位理论。所谓区位理论，是关于人类活动的空间分布及其空间中的相互关系的学说，具体地讲，是研究人类经济行为的空间区位选择及空间区内经济活动优化组合的理论。纵观区位理论的发展史和主要论点内容，中心地理论和集聚理论被视为服务业空间组织结构和空间集聚重要的区位理论。最后对近年来国内外关于服务业集聚的研究进行综合述评。

一、中心地理论

中心地理论也称中心地方论，是关于三角形经济中心（市场、聚落、城市）和六边形市场区（销售区、商业服务区）的网络体系。产生于20世纪30

年代初西欧工业化和城市化迅速发展时期，是由德国城市地理学家克里斯塔勒（W. Christller）于 1933 年首先提出的，德国经济学家廖什（A. Losch）则继承和发展了这种理论。理论的中心内容是论述一定区域内城镇等级、规模、职能之间的关系及其空间结构的规律性，并用六边形图式对城镇等级与规模关系加以概括。在克里斯塔勒 1933 年发表的《德国南部的中心地》一书中，系统地阐明了中心地的数量、规模和分布模式，建立起对地理学尤其是城市（聚落）地理学具有重大影响的中心地理论。通过调查研究，克里斯塔勒确立了中心地理论的一系列原理，包括三角形城市（聚落）分布、六边形市场区的框架；城市等级序列、门槛人口的内涵；根据市场、行政、交通原则得出的网络类型等。

在克里斯塔勒的中心地理论发表 7 年之后，德国经济学家廖什发表了《经济空间秩序》一书，提出了与克里斯塔勒中心地理论极其相似的中心地区位论。两个理论都由生产领域扩展到了市场领域，由局部扩展到一般，由单纯扩展到综合，成为一种宏观的、静态分析的、以市场为中心的商业服务行业和加工工业的区位论。克里斯塔勒的中心地理论和廖什的中心地区位论有许多相同之处，但两者并非完全一致，重大区别主要是由于两者的形成机制不同，前者遵循“利润最大化”的原则，采取自上而下的顺序建立其中心地体系，而后者则遵循“超额利润最小化”的原则，采取自下而上的顺序建立其中心地体系。

总体而言，中心地理论深刻揭示了城市、中心居民点发展的区域基础及等级—规模的空间关系，从城市或中心居民点的供应、行政、管理、交通等主要职能角度，论述城镇居民点和地域体系，认为一定区域内的中心地在职能、规模和空间形态分布上具有一定规律性，中心地空间分布形态会受市场、交通和行政三个原则的影响而形成不同的系统。城市具有等级序列，城市等级越高，规模越大，数量越少，职能越复杂。城市的基本功能是作为其腹地的服务中心，为其腹地提供中心性商品和服务，如零售、批发、金融、企业、管理、行政、文教、娱乐等服务。

商业服务活动受服务人次数的门槛人口限制，其提供商品和服务的档次可划分成若干等级，各商业、服务行业分为高、中、低不同级别的序列，构成一个有规则的层次关系。区域有中心，中心有等级，区域内的中心地具有不同的等级、规模和职能，每个较高级的中心地概括了低级中心地的所有职能。市场中心和服务关系结构，是一种蜂窝状的经济结构，各等级中心地及其市场区在一个完整的网络系统中，形成了三角形聚落分布和六边形市场区模型。中心地理论被视为空间组织结构中经典的服务业区位论，为服务业的区位布局、规模和空间模型的研究奠定了理论基础。

此外，竞租理论是对中心地理论的拓展，是从经济学角度研究经济活动布局的理论。城市内部各种经济活动的区位主要取决于它对中心位置接近性的追求程度和地租支付能力，也就是说，各种活动是按照距离摩擦抵抗最小化原则决定各自的区位选择的。企业管理职能的事务所一般都布局在城市中心位置，原因至少有以下两点：一是这种区位选择可以使情报和信息的输送和收集的距离摩擦费用最小化，二是这类服务业能够支付高额的地租。一般来说，距离摩擦费用最小的区域往往又是地租最高的区域，这使得各企业和部门的区位竞争的基础是它们支付地租的能力。金融、保险、证券等行业及大企业管理总部具有较高的地租支付能力，因此，城市 CBD 自然也就成为它们的集聚区。

二、产业集聚理论

国外学者对产业集聚的研究主要集中在产业集聚的动因、技术和组织创新、产业政策对产业集聚的影响及相关实证研究方面。古典经济理论时期主要包括：马歇尔的三因素论、韦伯工业区位论、熊彼特创新论、胡佛经济活动区位论，以及刻画公共服务布局的公平性和效率性兼顾决策理论等。

产业集聚问题的研究产生于 19 世纪末，最初观点是由新古典集聚理论代表人物马歇尔（A. Marshall）1890 年在其专著《经济学原理》（*Principles of Economics*）一书中，首次提出了产业集聚及“内部经济”和“外部经济”等重要概念，指出产业集聚能产生正的外部性；外部经济有三个基本来源，即劳动市场共享、中间产品投入和技术外溢，这三个基本来源构成了产业空间集聚的吸引力。马歇尔的“外部经济”概念成为后来研究产业集聚的核心概念。

在马歇尔之后，产业集聚理论有了较大的发展，经济学家和经济地理学者从不同视角对产业集聚理论进行了研究。比较有影响的有：韦伯的区位集聚论、熊彼特的创新产业集聚论、E. M. 胡佛的产业集聚最佳规模论、迈克尔·波特的企业竞争优势与钻石模型等。韦伯（1909）在《工业区位论》一书中，构建了一个以成本（尤其是运输成本）为核心，从微观企业区位选择的角度提出了产业区位集聚理论。从企业最小生产成本出发，认为区位因子的合理组合使得企业成本和运费最小化，费用最小区位是最好的区位。区位因素分为区域因素和集聚因素，其中集聚因素又分为两个阶段：一是通过企业自身的扩大而产生集聚优势的初级阶段；二是各个企业通过相互联系的组织而实现地方工业化的高级集聚阶段。

熊彼特从创新角度来说明产业集聚现象，将技术创新与产业集聚的发展进行整合研究，阐释影响经济波动的原因，除了战争、革命、气候等外部因素之外，技术创新的产业集聚和增长的非同期因素是经济波动的主要原因。产业集聚有助于创新，创新也有助于产业集聚。创新并不是企业的孤立行为或孤立事件，不在时间上均匀地分布，而是一种趋于群集，或者说，成簇地发生，不是随机地分布于整个经济系统，而是倾向于集中在某些部门及其邻近部门。创新需要企业间的相互合作与竞争，需要企业集聚才得以实现。熊彼特明确指出创新的五种情况：新产品、新方法、新市场、新供源、新组织，可概括对应为产品创新、技术创新、市场创新、资源配置创新、组织（制度）创新。

E. M. 胡佛（1948）在《经济活动的区位》中将企业群落产生的规模经济定义为特定地区集聚体的规模所产生的经济，将规模经济区分为三个不同的层次：一是单个区位单位（工厂、商店等）的规模决定的经济；二是单个公司（即联合企业体）的规模决定的经济；三是该产业在某个区位的集聚体的规模决定的经济。胡佛指出产业集聚存在一个最佳的规模，而这些经济各自得以达到最大值的规模，则可以分别看作是区位单位最佳规模、公司最佳规模和集聚体最佳规模，从而达到集聚产生的最佳效果。

迈克尔·波特（1990）的理论与传统的产业集聚理论将重点放在产业内部的关联与合作之上不同，从企业竞争优势的获得角度对产业集聚现象进行了理论分析，提出了产业群（Industrial Clusters）的概念，并建立钻石模型对产业集聚及产业群进行了分析，认为一个国家某一个行业国际竞争优势有 4 个影响要素：一是生产要素——包括人力资源、天然资源、知识资源、资本资源、基础设施；二是需求条件——主要是本国市场的需求；三是相关产业和支持产业的表现——这些产业和相关上游产业是否有国际竞争力；四是企业的战略、结构、竞争对手的表现。这 4 个要素具有双向作用，形成钻石体系。在四大要素之外还存在两大变数：政府与机会。如果一个产业在国际上要具有竞争力，必须具备以下几个条件：国内较好的需求状况；要素投入的质量，必须发展高级生产要素和专业生产要素；上下游产业的密切合作，促进企业在其产业内部迅速超越其他企业的竞争压力；特定产业供应商与顾客之间的联系。

公平性和效率性兼顾是研究公共服务布局的决策理论。由于有些服务业还具有公共服务的功能，因而其设施的布局就不仅要考虑可能的利用效率，同时也应该考虑所有的公民都能均等地享受公共服务的权利，即公平性。在一定的预算制约下，根据消费者的平均移动距离来决定公共服务设施的数量和规模。如果追求公民享受的平等性，就采用小规模分散布局的模式；如果追求设施的利用效率和服务的多样化，则采用大规模、集中式的布局模式。但后者的消费者到设施的总移动距离要加大，且由于国家或地方预算的制约及客观上存在的空间距离衰减作用，公共设施完全公平地布局是不可能的。对于政府而言，既要考虑每个消费者对公共服务设施的需求和期望值，同时也要照顾到所有消费者的需求。因此，一般追求效率性的布局类型多以居民到公共服务设施的总移动费用最小或总移动距离最短为目的；追求公平性的布局类型以远离公共服务设施居住的居民数最少或从各居民点到最近设施的最大距离最小化为目的。

三、服务业集聚研究拓展

国外关于服务业集聚理论的拓展研究主要从以下几个视角展开：一是从制造业到服务业的产业集聚理论研究拓展；二是生产者服务业的集聚研究；三是大都市生产者服务业集聚的研究。

1. 从制造业到服务业的产业集聚理论研究拓展

从制造业到服务业的产业集聚理论研究拓展一方面是在马歇尔研究的基础上，对产业集聚和产业空间进行拓展研究，如 Ota & Fujita（1993），Fujita & Thisse（2002） 和 Fujita & Krugman（2004） 等；另一方面是新视角的拓展研究，Markusen（1996）将产业集聚区分为 4 种类型，分别是新产业区（new industrial district）、中心—轮辐型集聚区（hub and spoke）、卫星产业平台型集聚区（satellite platform）和锚型集聚区（state-anchored）。

2. 生产者服务业的集聚研究

国外学者对服务业集聚的原因、动力、竞争力、影响因素等研究，多是从生产者服务业视角出发的。Ohara（1977）和 Ota & Fujita（1993）研究发现，专业化程度高并且对面对面接触要求较高的企业集聚在城市 CBD，而其他类型的企业则分布在郊区。Scott（1988）认为组织效率和核心竞争能力是生产者服务业集聚的重要影响因素。Gaspar & Glaeser（1988）认为信息技术革命在促使某些产业和部门离开集聚区的同时，也增加了部分行业和部门频繁接触的必要性和可能性。总之，成本不再是生产者服务业产生集聚的主要因素，比较重要的因素包括面对面接触、外部收益递增、非正式网络和协作产生的新知识和新信息。Pandit & Cook（2002）研究发现英国金融产业在呈现出高度不均衡的空间分布。Berghe & Verweie（2000）从规制的角度研究了金融产业集聚的原因及影响因素。

3. 大都市生产者服务业集聚的研究

此外，国外学者还从全球、国家（区域）、大都市、大都市中心区—外围空间关系等多视角研究了生产者服务业集聚。以大都市视角为例，大多数研究都集中在某一类或某几类生产者服务业空间集聚的实证研究上，比如对墨尔本图形设计业（Elliott，2005）及吉隆坡生产性服务业（Sirat Morshidi，2000）的实证研究，这些研究都从空间角度对生产者服务业在城市内部的基本特征做了描述，对分布变迁的基本特征做了归纳。总体而言，集中与分散并存是过去三四十年间生产者服务业空间分布及变迁的主要特征。高等级的生产者服务业表现出持续集中的态势，特别是在大都市的中心地区；较低等级的行业、高等级生产者服务业内部功能较低的部门，以及规模较小的生产者服务企业出现了向外围转移、分散化的趋势。研究表明大都市地区存在着生产者服务业“去中心化”的现象，信息技术的变革及土地成本的提高使得 CBD 或中心城区对生产者服务企业不再具有吸引力，以金融和保险服务、工程服务，以及最终需求为导向的企业出现了比较明显的郊区化倾向，而广告、管理咨询等行业和以中间需求为导向的企业则继续留在中心城区（Coffey，Drolet & Polese，1996）。

国内关于服务业集聚理论的拓展研究主要建立在产业集群与产业集聚的基础之上，特别是“十二五”以来，国家和地方政府大力促进服务业发展，服务业集聚研究成为热点问题，研究视角呈多元化趋势。主要可以分为以下三大视角：一是从全国（区域）视角研究服务业集聚；二是从工业园区、开发区、服务业集聚区视角研究服务业集聚；三是从城市视角研究服务业集聚。

1. 从全国（区域）视角研究服务业集聚

张世晓（2011）实证研究发现区域金融集聚对经济增长、产业集聚，以及企业融资结构均有较为显著的影响，有利于优化区域金融环境。任英华（2011）构建了现代服务业的集聚现象测度模型、集聚演化模型、集聚形成机理统计模型、集聚竞争力统计模型，实证研究发现，中国现代服务业集聚程度最高的是东部地区，现代服务业集聚主要存在市场主导型、市场和政府推动型、政府主导型三种演化路径。刘曙华（2012）研究了金融业、物流业和研发企业集聚对区域空间集聚的重构作用。杨向阳、陈媛（2012）运用区位熵、集中系数、空间基尼系数测算了不同层面中国服务业的集聚程度。

2. 从工业园区、开发区、服务业集聚区视角研究服务业集聚

段君华（2008）研究发现国家级开发区与现代服务业集聚具有互动效应，两者主要呈相互促进的关系。高运胜（2009）通过区域熵测度，研究发现上海生产者服务业集聚度大于传统服务业，中心城区服务业集聚度大于郊区。包晓雯（2011）研究了上海现代服务业集聚的形成机制和发展形态，提出与国外大都市相比，上海现代服务业的分布呈空间集聚的形态，向郊区扩散的趋势并不显著。陈凯（2011）认为工业园区中的生产者服务业倾向于在园区集中式发展。管驰明和孙超玲（2013）梳理了中国服务业集聚区的发展规划，对国外纽约曼哈顿、伦敦金融城、东京新宿，国内上海、南京等地服务业集聚区发展规划进行案例分析，最后以常州为例，分析服务业集聚区的规划流程和内容。

3. 从城市视角研究服务业集聚

研究集中于服务业发展处于领先地位的中心城市和地区，可以分为两个阶段。第一阶段，集中研究城市生产者服务业集聚（王雪瑞，2014；夏杰长等，2014；过晓颖，2013）。第二阶段，集中研究城市现代服务业集聚（王先庆、武亮，2013；李盾，2013）。蒋三庚等（2009）探讨了北京中央商务区现代服务业集聚的演变规律、发展特色、存在问题及对策建议。陶纪明（2009）研究了上海市金融业、律师业、会计业和广告业的空间演变规律。王

曼怡（2010）和陈铭仁（2010）分别探讨了北京市和上海市的金融产业集聚问题。姚林青等（2013）研究了北京地区文化创意产业集聚的水平与效应，分析了影响文化创意产业集聚的因素，并提出了发展政策建议。管驰明和孙超玲（2013）探讨了服务业集聚发展演变的规律、影响因素与形成机理。

总体来看，国内外学者对现代服务业集聚展开了研究，并取得了非常丰富的成果。然而，对杭州现代服务业，乃至对杭州现代服务业集聚的研究都比较少，缺少系统的梳理和分析。杭州市作为东部沿海发达城市，自“十二五”以来，开展了一系列的现代服务业集聚区的生动实践，促进提升了服务业发展水平、品质和竞争力。本书将重点研究杭州市服务业集聚区的创新与实践，通过发展现状分析、案例分析，提出杭州市现代服务业集聚区创新发展的思路与对策建议。

第三章

服务业集聚区形成模式与经验启示

第一节　服务业集聚区内涵与机理

一、服务业集聚区定义和特征

（一）服务业集聚区的定义

服务业集聚区是以某一服务产业为主体，相关服务产业相配套，产业特色鲜明，空间相对集中，具有资源集合、产业集群、服务集成功能，服务业集聚度达到一定水平的区域。服务业集聚区具有产业关联度强、服务网络化、资源共享、交易集约、品牌效应、辐射面积广等特点，是服务业高端化发展的必然趋势和重要载体。服务业具体形态包括现代物流业、金融服务业、科技服务业、文化创意产业、信息与软件业、大旅游产业、商贸服务业和中介服务业等。

（二）服务业集聚区的特征

服务业集聚区不仅具备一般产业集聚的特征，也拥有个性化的特征。

1. 一般特征

主要包括：①企业布局集中化，通过同类和相关联的企业或项目集中布局、集聚发展，为开展合作竞争、共享社会服务创造前提条件，降低成本，提高市场竞争力。②产业发展集群化，区内企业关联、产业集群发展是集聚区与传统产业园区、开发区的根本区别。通过产业链式发展、专业化分工协作，增强集群协同效应，更好地实现产业融合发展，形成特色主导产业集群或专业园区。③资源利用集约化，服务业具有对资源依赖小、对环境污染少的特点，通过提高土地投资强度，促进资源高效利用，为建设资源节约型、环境友好型发展模式提供示范。④功能建设集合化，通过共享基础设施资源，完善生产生活服务功能，提高产业支撑和人口集聚能力，实现产业发展与城市发展互融互促。

2. 个性化特征

主要包括：①区位选择通常在大城市，尤其是国际大都市。现代服务业企业的集聚因素主要是国际和国内的联系网络、人才因素、创新环境、区域品牌等，国际大都市通常会成为现代服务业集聚区发展的首选之地。这些城市也会因此而成为跨国公司的集聚地、国际金融中心、贸易中心、物流中心、信息中心等。②企业之间主要表现为横向关系，面向共同的市场或客户，企业因为区域内提供的公共服务和共同的客户资源而集聚，竞争合作关系更为显著。③服务业集聚区，尤其是高新技术产业和创意产业集聚区内的行为主体，其联系更为密切，形成了企业与研究机构之间基于信息、知识、人力资源方面的交流合作网络，为创新能力取代规模效应成为竞争力的主要影响因素奠定了组织基础。④对外部环境尤其是人才资源、相关产业发展及政府管理水平的要求更高，而受原材料成本等因素影响较小。充裕和自由开放的劳动力市场及教育和研发机构提供智力支持和储备，使得各种生产要素围绕高科技人力资源来集聚，从而带动地区产业的发展与更替。

二、服务业集聚区的影响因素

影响服务业集聚区的因素有很多，除了经济发展水平、城市化水平等因素以外，主要有生产要素支撑、基础设施建设水平、市场化程度和政府政策引导，如图 3–1 所示。

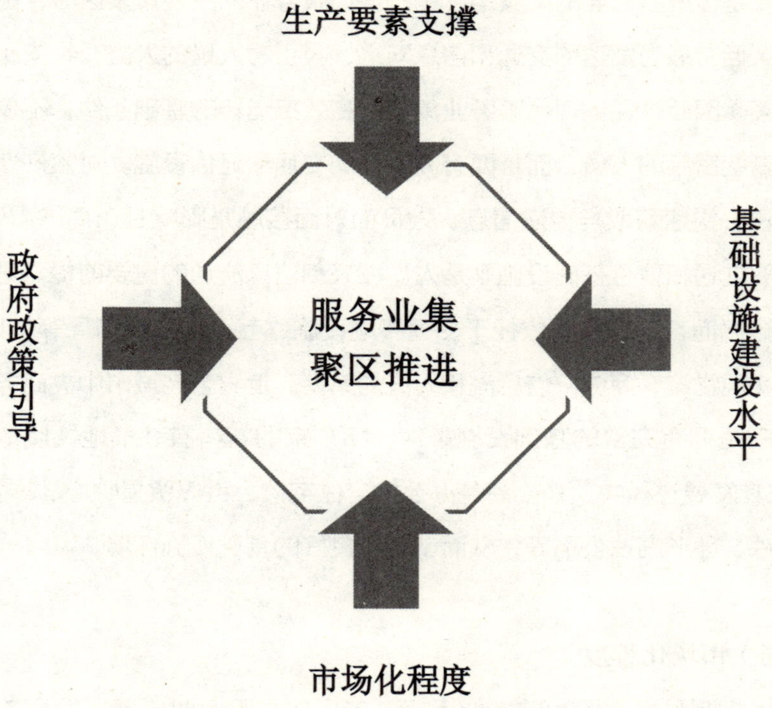

图 3–1　服务业集聚区推进影响因素

（一）生产要素支撑

影响服务业集聚区发展的生产要素主要有土地、资本、人才和技术。土地是集聚区发展的载体，其决定着集聚区的布局、规模和形态。在现代服务业中，物流、商贸、旅游等产业对土地资源的占用量比较大，而金融、高技术服务业等产业对土地资源的需求相对较小，适合发展楼宇经济、地铁上盖经济等经济形态。资本是服务业集聚区发展的基础条件，在一定情况下，投入服务业集聚区的资本越多，区内产业的产值就会越大，集聚区发展状况就会越好。人才和技术是服务业集聚区发展的核心要素，决定着集聚区发展的持续竞争力。如东京新宿集中了日本 17% 的高等院校和 1/3 的研究和文化机构，拥有强大的人才和技术创新支撑。充足的人才储备为东京服务业发展提供了智力支持，吸引着大量的科研机构在此集聚。

（二）基础设施建设水平

完善的外部环境和基础设施建设是服务业集聚区发展的重要依托。城市中心区不仅是传统服务业的集聚地，也是现代服务业的主要集聚区域，主要是由于中心区拥有最为发达的交通和信息网络，吸引着大量的人流、物流和信息流在此集聚。因此，保证现代服务业集聚区高效率运转的基础条件，不仅需要区域内有高度密集的人员，而且要有高效率的交通和通信设施。对生产性服务业布局来说，快速获取与传递信息、人员面对面接触是影响其布局的重要因素，而完善的交通和信息基础设施则是人员往来和信息流通的重要前提。对生活性服务业布局而言，就是要依托于交通终端设施、节点、干线布局等基础设施，以有效实现物流、商流、信息流和人流的集聚。世界著名城市中央商务区共同的特点就是拥有完善的基础设施条件，如东京的新宿有 9 条地铁线；曼哈顿 CBD 在其发展过程中，兴办商务办公楼、住宅楼、世界贸易中心、展览中心，修建地铁、环形高速公路等，从而创造了良好的基础设施环境。

（三）市场化程度

市场机制是资源配置的有效手段，市场化是服务业集聚区发展的内在规律。在市场化程度不高的情况下，各地区之间贸易往来非常少，有些地区甚至基本处于一种自给自足的状况，产业的集中程度、地区专业化水平都较低。同时，由于各种资源无法通过市场机制得到有效配制，即使通过强制手段形成产业集聚区，其发展也会受到严重制约。在市场化程度较高的情况下，市场在资源配置中的主导地位得到确立，“产业集聚的正外部性”得到有效释放，各种资源纷纷向效率高的部门和地区流动，使得地区专业化水平和产业的空间集中率不断提高，本地区产业优势逐渐扩大，服务业集聚区得以形成。同时通过累积循环机制，使产业集聚区进一步发展壮大。如纽约文化创意产业集聚区在发展过程中得到了大量来自投资银行、风险投资公司、基金公司等金融机构的资金支持，这是市场机制在集聚区发展过程中优化资源配置的表现。

（四）政府政策引导

产业集聚的形成和发展虽然主要受市场规律的支配，然而，市场行为在失去引导、失去制约力时，必然导致公共利益、社会环境的损害，产生产业集聚的不经济，因此，政府政策引导对服务业集聚的形成与发展也有很重要的作用。一般来说，政府通过引导、控制集聚区建设规划及制定产业政策等手段来合理利用空间、优化资源配置、保护城市生态环境，从而达到集聚区持续发展的目的。美国著名战略管理大师迈克尔·波特在《国家竞争优势》一书中提出，政府在促进产业集聚方面的作用应该是为企业提供一个良好的生存环境，包括软环境和硬环境。如著名的政府诱导培育型服务业集聚区——日本新宿服务业集聚区，在20世纪80年代，政府将东京定位为全球金融和商务中心，并将东京及其附近地区改造成以知识和信息为基础的产业基地，东京湾地区由原来的出口导向产业带改造成商贸中心。政府通过政策来支持东京服务业和基础设施建设，从而推动东京商务功能的发展。

三、服务业集聚区形成和发展机理

服务业集聚区的形成和发展受多种因素综合影响，总体上可分为两个方面：内生性动力和外生性动力。从内在作用力来看，市场力量推动下的自组织演化动力机制是促成集聚区形成和发展的基础，是现代服务业集聚区系统发展的核心动力。从外在作用力来看，政府行为引导的他组织促进动力机制是集聚区形成和发展的促进机制，在集聚区形成和演化过程中起着重要推动作用。

（一）内生性动力

内生性动力主要是指以企业为主体、市场机制为行为规则形成的内生性动力，作用载体包括：①专业化分工，是指围绕主导产业，企业根据自身优势选择最具竞争力的生产经营和服务活动，形成专业化市场协作网络。专业化分工有利于促进企业专业知识的积累，提高交易效率，降低交易成本，实现规模经济效益。②竞争与协同机制，指集聚区内相互关联的多个企业，通过竞争与合作的方式追求企业群落整体平衡与发展的规律，不断促进创新、降低成本。③区域创新网络，是集聚区内各个行为主体，在交互作用与协同创新过程中，彼此建立的正式或非正式关系总和，有助于提高集聚区创新能力，催生大量衍生型企业，推动集聚区持续发展。

（二）外生性动力

政府行为干预和引导是外生性动力的主要形式，主要通过区域战略决策、政策引导和支持、软环境建设、市场服务体系建设与管理、公共产品（服务）供给等政府行为来实现。①区域战略决策，最主要的是主导产业的选择和发展规划，可推动地区经济不断向更高阶段发展。②政策引导和支持，主要是政府和其他公共主体制定和实施以集聚区为服务对象的产业集聚政策，促进现代服务业集聚区的良性发展，以推动地区经济的发展。③软环境建设，指创建和保持集聚区内部高度信任的合作文化及建立在这些基础上的经济联系与社会关系。④市场服务体系建设与管理，是政府联合集聚区内各中介服务机构，建立和管理专业化和社会化的、专门为集聚区内服务的网络。⑤公共产品（服务）供给，是集聚区内政府在现代服务业集聚区发展过程中为集聚区内的各类行为主体提供各种公共产品的服务，如改善区域的基础设施、增加商务办公场所、改善区域形象、设立企业孵化器、发挥政府服务职能、提供良好的创业环境等。

第二节　服务业集聚区发展模式分析

服务业集聚区发展模式，主要包括商贸流通服务业集聚区、现代物流业集聚区、文化休闲旅游区、专业化市场和汽车服务业集聚区共五种产业型的发展模式和生活性的邻里中心发展模式。

一、商贸流通服务业集聚区发展模式

商贸流通服务业集聚区多以市场为基础，逐步提升规模档次，规范经营活动，优化交通环境，拓宽服务领域，整合空间资源，以商贸流通业为主导，带动住宿餐饮业、现代物流业、金融业，甚至文化产业、旅游业、会展业等相关

服务业蓬勃发展，实现城市发展和繁荣。城市传统商业区因商业、商务服务基础和优越的区位条件而成为较好选择（图 3–2）。

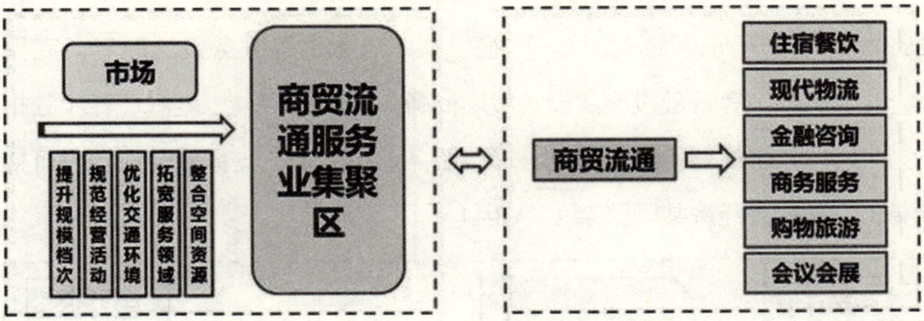

图 3–2 商贸流通服务业集聚区发展模式

二、现代物流业集聚区发展模式

以采矿业、制造业、商贸流通业、交通运输业等为产业基础，以物流园区建设为主要形态，充分利用区位和交通优势，形成社会化加工、配送、分拣、包装、仓储、运输、货代、信息等的集中区域，并通过完善基础设施建设，提升服务质量和效率，不断扩大服务半径和辐射范围。可以与商贸服务业集聚区或交通枢纽服务业集聚区结合发展（图 3–3）。

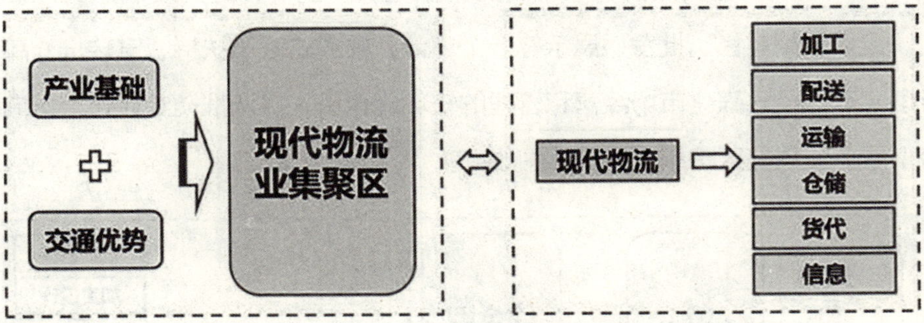

图 3–3 现代物流业集聚区发展模式

三、文化休闲旅游区发展模式

深度挖掘生态环境、地方景观和文化资源，准确定位，适度开发。在大力发展旅游业的同时，加强餐饮、住宿、娱乐、休闲等服务设施配套，完善交通、通讯、水电等基础设施建设，发展商务、培训、会展、度假、养生等相关产业，通过系统规划和综合开发，形成服务业集聚区，支撑旅游业自身可持续发展，带动社会经济共同繁荣（图 3–4）。

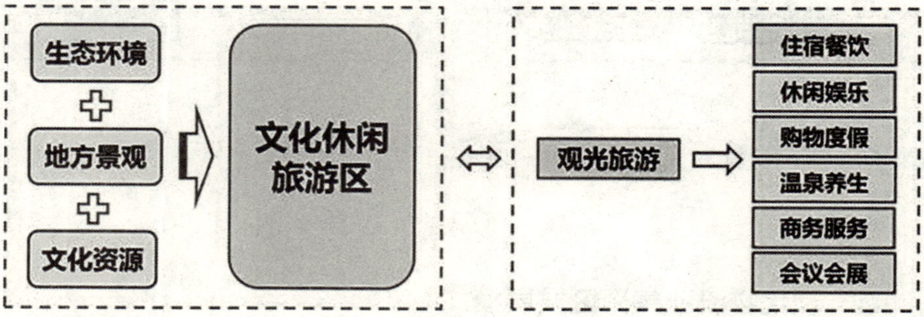

图 3–4　文化休闲旅游区发展模式

四、专业化市场发展模式

依托一种或几种地方特色产品，从专业化市场建设起步，在扩建经营场所，完善配套设施的同时，以市场为基础延长产业链，适时发展从开采、加工、设计，到零售、批发、展示等多个环节，并通过政策扶持、宣传推介和服务配套等途径，强化市场经营和管理的软环境建设，协调推动专业化市场向综合型服务业集聚区跨越式转型（图 3–5）。

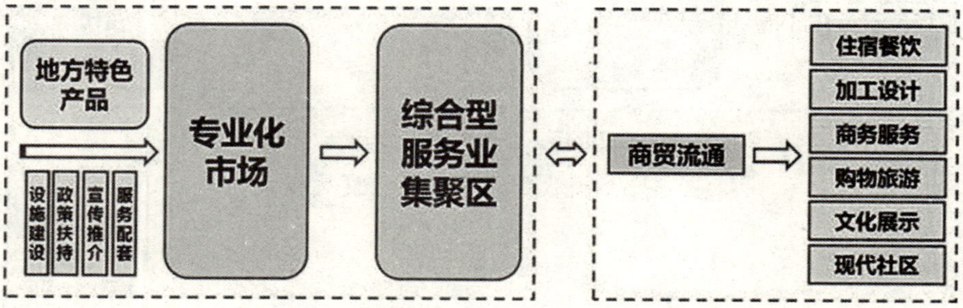

图 3–5　专业化市场发展模式

五、汽车服务业集聚区发展模式

基于现实市场条件和市场基础，协调周边地区汽车服务业发展情势，以集聚区的形式集中发展整车销售、新车展示、零配件供应、保养维修、汽车租赁、二手车交易、金融保险、装饰美容、文化传播、驾驶培训、运动休闲等汽车服务业，推广“4S”特许经营模式，倡导一站式服务，打造区域现代汽车服务业基地，为周边城市和农村地区提供服务（图 3–6）。

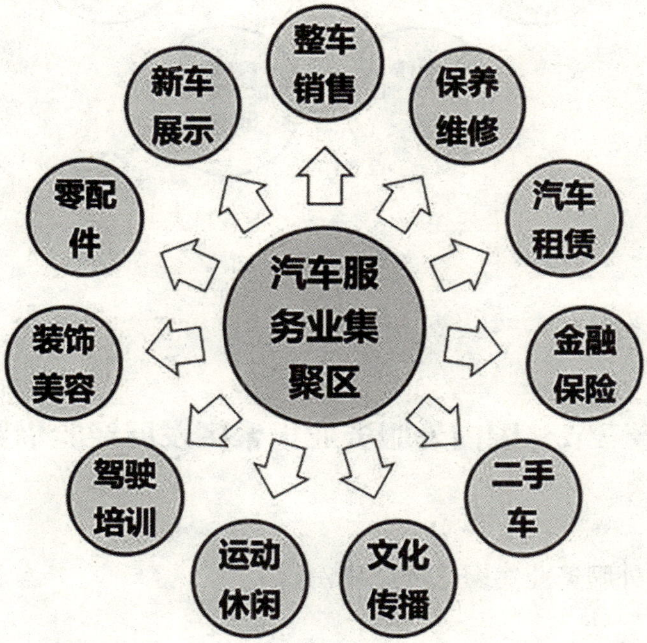

图 3–6　汽车服务业集聚区发展模式

六、邻里中心发展模式

在人口相对集聚的社区内，以“邻里”和“人本”为精神内核，以 1 千米左右为服务半径，配备相应的商业配套和生活服务设施，集购物、餐饮、休闲、社交、金融、邮政、医疗、民政、生活服务和文化娱乐等功能于一体，形成独立于住宅的、具有一定规模的现代生活消费空间。既适用于新城或新区的社区规划，也适用于老城传统社区的升级改造（图 3–7）。

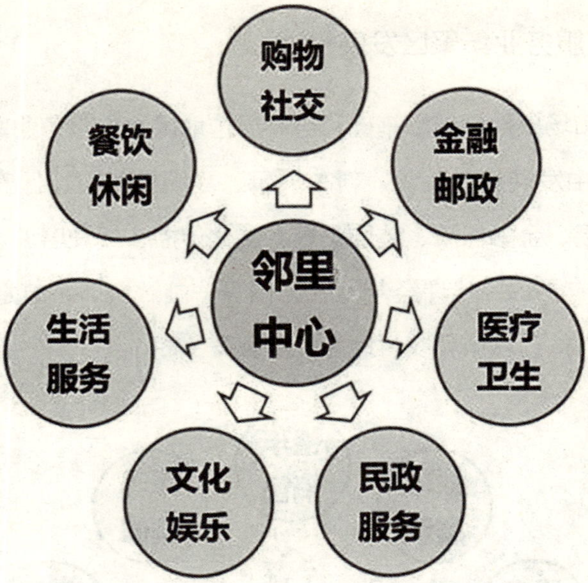

图 3-7　邻里中心发展模式

第三节　国内外服务业集聚区发展经验借鉴

一、国外服务业集聚区典型案例

（一）纽约曼哈顿服务业集聚区

曼哈顿是纽约市的中心区，纽约 80%—90% 的金融商务服务集中在曼哈顿，其经济增长量占纽约市的 80%。曼哈顿服务业集聚区形成于 18 世纪，开始是以金融业为主的服务业集聚，到 1960 年，曼哈顿区域大幅调整产业结构，制造企业纷纷离开，服务企业迅速崛起。随着以美元为主的国际货币结算体系建立，曼哈顿服务业稳步发展，吸引了世界 500 强企业入驻。在曼哈顿岛上的老城区不足 1 平方千米的华尔街 CBD 金融区集中了几十家大银行、保险公司、交易所及上百家大公司和几十万就业人口，是世界上就业密度最高的地区，也使得纽约成为世界金融中心。此外，许多非营利的办公机构如研究部门、专业团体、政府机构、社会团体等，许多相关的专职事务所如房地产、广告业、税务等也纷纷进入曼哈顿，其金融商务服务业集聚区日渐成熟。在曼哈顿金融服务业集聚区的发展过程中，纽约市政府进行了积极规划和有力调控。改造后的曼哈顿CBD焕发出勃勃生机，为金融商务服务业集聚区发展创造了适宜的环境。

（二）伦敦金融业集聚区

伦敦金融城位于大伦敦市核心地带，是世界重要的金融、商业、经济中心。伦敦金融城是以金融业为主导的服务业集聚区，汇聚了大量的证券、保险、银行、外汇交易中心等机构，大部分世界500强企业都在此设立办事机构。伦敦金融业集聚区以其悠久的历史、完善的法规和先进的管理成为国际金融中心。在伦敦金融业集聚区形成过程中，主要靠：一是深厚的历史底蕴，早在17世纪，伦敦就以城市商业中心而闻名世界，金融业和国际商务活动的活跃使伦敦率先成为欧洲的国际金融中心（IFC）；二是金融创新和保险技术创新，以及与金融相关产业的全球标准来维持金融中心的前卫性；三是产业结构的调整是伦敦金融城发展的前提，英国的制造业从20世纪80年代开始衰退，就业人口迅速向服务业转移，为服务业发展提供了大量的人才储备；四是拥有完善且灵活的法律框架和监管体系，综合监管的规范性，伦敦金融城公司自治机构的独立治理，使伦敦金融城在百年发展历程中成为国际最重要的金融中心之一；五是城市规划引导着伦敦金融城的发展，规划将工作区和生活区分开，保证生活环境不被破坏，历史风貌得以延续，并形成城市中心、内城区、郊外新兴商务区的现代服务业集群多点发展的新模式。

（三）东京新宿现代服务业集聚区

东京新宿区是东京都内23个特别区之一，也是东京乃至整个日本最著名的繁华商业区，是新建的副中心区域。新宿现代服务业集聚区是“二战”后日本政府在东京周边规划的产业集聚区，规划面积0.164平方千米，在发展过程中，东京都政府机构的迁入带动了片区的发展，并提供了有效的支持。同时新宿是东京的一个重要交通枢纽，以新宿车站为中心共有11条联结东京四面八方的地铁和轻轨列车线，周边密集的公交线路、高速线路等共同构成了新宿区发达的立体交通体系，交通枢纽的建设促进了商务活动的集聚。其特色在于产品研发和技术创新。其发展分为三个阶段：一是政府结合地方实际，利用政策支持促进主导产业发展，政府强调核心区商业功能集聚的重要性，采取具体的措施来扶持东京商务功能的发展，通过政策支持东京服务和基础设施建设，推动东京商务功能的发展；二是以产品研发和技术创新为特色的生产服务业集聚发展，在日本政府的引导下，工业逐步向服务业延伸，实现产业融合，形成了东京以生产性服务为主导的服务业集聚区；三是服务业集聚区的多样化、层次化、网络化发展，日本政府引导东京服务业发展模式以市中心区膨胀化发展和外围地区多点截留的双元战略为特征，实施战略上主要采用引导策略，而非实行严格的限制措施。随着日本经济快速增长，新宿现代服务业集聚区已成为日本经济发展的新标志。

（四）印度班加罗尔软件园

班加罗尔位于印度南部，是卡拉塔纳邦的首府，是印度南部著名的花园城市。班加罗尔软件园辉煌的发展历程与印度政府在软件方面的宏观经济政策是分不开的。20 世纪 90 年代初印度政府开始实施软件科技园计划，并在 1990 年批准建立了 3 个软件园，班加罗尔软件园是最早建立的软件园，班加罗尔软件园在软件园的管理框架及其他政策措施的刺激下，从 1990 年起获得了跳跃式发展。班加罗尔软件园作为印度软件业的龙头老大，其发展成就不亚于软件产业的整体发展成就。在班加罗尔的带动下，马德拉斯、海德拉巴等南部城市的高科技工业园接踵而起，与班加罗尔交相辉映，成为印度南部著名的计算机软件“金三角”。知识密集型主导的服务业集聚区的发展主要在于国际直接投资（FDI）的介入，由于政府的投入和市场力量的共同作用，使得某些地方成为 FDI 的投资区域，从而使服务业逐步实现集群式发展。班加罗尔服务业产业集群的形成与发展大致经历了三个阶段：第一阶段，政府投入加大及政策上的优惠使得一些跨国公司在基础设施条件较好、商业环境比较理想的印度班加罗尔进行投资，如微软在印度班加罗尔建立的独资软件公司；第二阶段，本地知识密集型服务企业开始成长，技术知识、国际商务实践的能力开始提升，劳动力的技能得到进一步的提高，整个集聚区的形象也得到改善，提升的形象和声誉吸引着越来越多的企业来此集聚；第三阶段，知识密集型的 FDI 开始不断增长，在创新政策等一系列政策的刺激下，新兴创新企业不断涌现，知识密集型服务业产品向价值链的高端移动，知识密集型服务业集聚区在全球价值链上不断向上攀升。

二、国内服务业集聚区典型案例

（一）北京中央商务区

北京 CBD 西起东大桥路，东至东四环，南起通惠河，北至朝阳北路，总面积约 7 平方千米，汇集了惠普、三星、德意志银行等众多世界 500 强企业中国总部，也是国内众多金融、保险、地产互联网等行业高端企业所在地，拥有许多微型信贷服务机构。特别是北京金融街是国内第一个定向开发的金融产业功能区，经过 20 多年的建设与发展，区域内共有各类金融机构 1000 多家，不仅集聚了“一行三会”等国家金融决策和监管机构，还集聚了中国银行业协会、中国证券业协会、中国保险业协会、中国上市公司协会等 10 家国家级金融行业协会和组织，形成了中国金融决策、政策信息发布中心，成为名副其实的国家金融管理中心。北京 CBD 其发展历程主要为：1993 年，在国务院批准的《北京市城市总体规划》中提出，在朝阳门至建国门，东二环至东三环一带，规划建设北京商务中心区；1998 年，在《北京市中心地区控制性详细规划》中，将北京商务中心区的范围确定为朝阳区内西起大桥路，东至西大望路，南起通惠河，北至朝阳路，约 4 平方千米的区域；2000 年，在第一届北京朝阳国际商务节中，将 CBD 正式推出；2009 年，北京市政府将北京 CBD 沿朝阳北路、通惠河向东扩展至东四环，新增面积约 3 平方千米。其主要功能包括：管理功能、集散功能、服务功能和交往功能等。

（二）上海现代服务业集聚区

上海现代服务业集聚区起步于 20 世纪 80 年代，尤其是上海浦东新区批准设立，作为 1990 年经国务院批准设立的首个国家综合配套改革试验区，其目标是在上海建设国际经济中心、金融中心、航运中心、贸易中心等核心功能区。加快了上海现代服务业集聚区的发展步伐，在中心城区规划建设了外滩及陆家嘴金融贸易区、北外滩航运服务区等 20 个现代服务业集聚区。上海现代服务业集聚区发展过程经历了集聚初显、加速形成、稳定发展三个阶段，形成三种典型集聚区发展模式。一是以建筑设计为主的同济现代建筑设计街，西起密云路，东至四平路，向南北延伸，覆盖两侧的同济大学，集聚了500多家现代设计、装潢、图文制作、建筑模型、建筑监理等相关企业，其中建筑相关产业达50%以上，并形成了一个完整的设计产业带。二是以金融业为主的陆家嘴金融贸易区，位于黄浦江与浦东内环线之间，占地面积28平方千米，已成为全国金融投资机构、跨国公司总部、要素市场、服务中介机构最为密集的地区之一。截至2014年底，区内中外资金融保险机构数量、单位面积、实收外资金融机构资本金额、外资银行营业领域与品种、外资银行营运资本总额等均为全国第一。集聚了上海证券交易所、上海期货交易所、上海产权交易所、上海钻石交易所等要素市场。三是以商贸物流为主的外高桥保税区，位于浦东北部、长江入海口南侧，规划面积10平方千米，为国务院批准的全国第一家保税区。自2000年以来，外商独资国际贸易公司以年均600—700户数量增长，世界500强企业中有111家入驻保税区。

（三）天津滨海新区中心商务区

天津滨海新区中心商务区包括响螺湾商务区、于家堡金融区、解放路商业区、大沽生态新区、蓝鲸岛国际社区五个功能区。滨海新区中心商务区突出了金融服务、商务商贸等核心功能，重点发展现代金融、现代商务、高端商贸、信息服务，以及相关配套服务业，逐步建设成为滨海新区现代服务业的集聚区和对外形象标志区。响螺湾商务区重点建设外省市、央企驻滨海新区的办事机构、集团总部和研发中心，主要功能是商务办公、宾馆酒店、公寓、商业等，集聚了以中国五矿、中船重工、中海外和中钢为代表的一批大型央企和以碧桂园、富力、绿城、卓达和海昌为代表的一批知名民营企业，总部经济初露端倪。于家堡金融区重点建设成为金融机构、金融市场、金融创新中心、金融信息中心及金融配套服务中心，成功吸引了天津金交所、农商行、快钱金融、联合信用、船舶基金和中国人保等一批金融类企业进驻，其中包括洛克菲勒、铁狮门等国际知名企业，初步形成了以交易所和基金为特色的新金融产业集聚效应。响螺湾商务区和于家堡金融区将成为天津市乃至环渤海地区规模最大、高楼最集中的商务集聚区。

（四）深圳服务业集聚区

深圳毗邻香港，确立了和香港现代服务业错位发展的模式。2007年《深圳市城市总体规划（2007—2020）》提出“双中心”（福田中心、前海中心）城市中心体系。定位福田中心（包括福田中心区和罗湖中心区）主要发展市级行政、文化、商业、商务等职能；定位前海中心（包括南山的前海、后海和宝安中心区），主要发展区域功能的生产性服务业与总部经济，构筑区域性高端服务业集聚区，重点发展金融、现代物流、信息服务、科技服务四大产业及其他专业服务。作为重点发展的金融业，深圳提出全力建设全国性金融中心，并争取成为港深大都会国际金融中心重要组成部分，加快福田中央商务区、罗湖蔡屋围和南山前一后海三大金融总部集聚区建设，突出多层次资本市场、创业投资及财富管理等金融业特色。在前海深港现代服务业合作区重点扶持和集聚了深圳石油化工交易、前海金融市场交易、低碳金融公共服务平台等新型要素交易平台项目，能源产业基金、高端生活服务产业基金和现代服务产业等新兴产业投资基金项目，新一代电子商务物流系统综合信息平台、高端客户财富管理项目等。作为支柱产业之一的现代物流业，规划有盐田国际货运枢纽型物流园、前海湾综合物流物流园、航空海陆空多式联运物流园、平湖陆路转运枢纽型综合物流园、龙华服务口岸物流园、笋岗一清水河物流园、机场航空物流园、宝安物流园、金鹏物流园共9个物流园区，明确了每个集聚区的功能和定位。截至2014年底，集聚了全国80%以上的供应链企业，涌现出如怡亚通、朗华、信利康、越海、普路通、年富、一达通等一批供应链管理创新服务龙头企业，形成仓储、运输、配送等一体化运作。

三、服务业集聚区建设经验启示

通过对以上国内外城市现代服务业集聚区发展的典型案例分析，发现现代服务业集聚区的形成和发展与制造业集聚区不完全相同，它对外部环境、制度背景、相关产业发展及城市政府管理水平的要求更高，服务业集聚区的形成高度依赖于城市经济发展所创造的经济基础、社会结构、产业网络、人才集聚、外部信息等基础条件。国内外城市服务业集聚区发展的成功案例具有一些规律性的共同特点：

（一）具备深厚的历史文化底蕴

从国外服务业集聚区形成来看，深厚的历史文化底蕴是其最为基础的特定因素。在历史文化底蕴上积淀的集聚区，具有相当的知名度和独特的品牌效应，对企业来说是一种无形的资产和额外的收益，能产生强烈的吸引力，吸引企业集聚于此。服务业是一种知识密集型产业，需要一个品质需求的市场，很大程度上取决于人们对高质量生活的追求，而这些需要历史文化做支撑。深厚的历史文化底蕴无疑塑造了一个城市独特的品牌，如伦敦金融城从公元 1 世纪建城开始，一直是伦敦的商贸活动集聚地。金融产业集聚也率先在金融城开始，使伦敦金融城具有其他地区无法比拟的先发优势。

（二）注重政府的规划和引导

有效的空间载体和重要的政策平台是现代服务业集聚发展的重要因素，政府对服务业集聚区的规划指导和政策扶持，能积极引导现代服务业集群快速成长。从国内外大都市现代服务业集聚区的发展来看，在规划方面注重国际化、整体化理念引领区域的规划和建设，有效保证了服务业集聚区开发建设的合理性和前瞻性。在配套设施的完善方面，拥有发达的现代通讯设施、便捷的交通网络、优美和谐的人居环境，中心城市成为一个区域的服务业重要平台。在制度软环境方面，更加注重政策体系和相关法规制度的健全，创新政策支持体系，多层次的政策体系引导现代服务业集聚区发展，尤其是独特的产业导向政策、特定的财政补贴和政策优惠，以及产学研合作、人才引进、风险投资等方面加大扶持力度，都能有效地引导现代服务业企业集聚发展。

（三）突出特色和功能定位

国内外知名的服务业集聚区大多拥有自己的特色产业和独特的区域功能定位。在产业功能定位上，各集聚区初具特色，逐步呈现功能错位。如创新技术开发区逐渐形成“设计研发”“创新孵化”“综合服务”等功能；创意文化区以科技创新为特色；休闲旅游区很好地将传统文脉保存并加以利用，文化特色鲜明；物流商贸则以实现供应商、贸易商、用户的直接联动为特征。在区域功能定位方面，体现了城市产业融合发展，走“产城融合”发展之路。国外城市中，如曼哈顿服务业集聚区以商务和金融著称，伦敦服务业集聚区以金融业闻名世界，新宿服务业集聚区的特色在于产品研发和技术创新，班加罗尔服务业集聚区以计算机软件产业为主。国内城市中，上海浦东新区的陆家嘴金融贸易区则集聚了以金融业为主的全国投资机构、跨国总部等，天津滨海新区中心商务区突出了金融服务、商务商贸等核心功能，深圳前海突出体现以金融业作为主导产业打造深港现代服务业合作区。

（四）集聚专业人才和公共服务平台

现代服务业是高技术、高人力资本、高附加值的产业，人才在服务业集聚发展中起着非常关键的作用。从国内外服务业集聚区发展来看，基于大批高素质的专业人才集聚，提供集约化的高水平商务服务是其发展的主要特征。人才及人际关系十分重要，且人才的积累和集聚是一个长期的过程，涉及人力资本开发和管理、用人制度、激励机制等方面，而专业人才需要的物资和精神文化生活环境也是必不可少的。因此，人才战略是促进服务业集聚区发展的重要策略。现代服务业需要有良好的配套条件和环境优势才能吸引相关企业实现集聚发展，搭建公共服务平台网络，借助现代信息技术，通过组织整合、集成优化离散在政府、科研机构、教学机构、企业的各类资源，构建为各类服务业群体提供可共享共用的技术开发、试验推广、产品设计、加工检测、信息服务、公共设施设备等公共服务的支持系统尤为重要。通过各级公共服务平台的互联互通，形成集成能力强、运作效率高和具有可持续发展能力的公共服务平台网络，提供系统、全面、方便、高效的相关公共服务，促进各类服务机构与广大企业之间的相互联系和衔接，提供良好的服务支撑，实现专业服务供给。

（五）设立专门开发公司进行整体开发

近年来，国内现代服务业集聚区的开发建设，多采用设立专门开发公司的模式进行区域开发。如在上海浦东新区陆家嘴金融贸易区的开发过程中，上海市政府为陆家嘴金融贸易区的开发建设专门设立了陆家嘴金融贸易区开发公司，开发公司承担规划实施、开发融资、工程建设、经营管理等职能，起到了行政管理部门和项目实施主体之间的桥梁和纽带作用。天津滨海新区中心商务区的于家堡金融集聚区的开发建设由滨海新区中心商务区管委会统一领导，天津市政府批准组建天津新金融投资有限责任公司，作为管委会的具体运作平台及于家堡金融集聚区开发建设的主体公司。于家堡金融集聚区开发建设模式多样灵活，在天津新金融投资有限责任公司的主导下，区域按物业特点灵活设置开发主体进行开发，开发主体以招拍挂（招标、拍卖、挂牌）的方式取得土地，每栋楼成立一个单独的建设公司，所有的地下空间建设由集团公司完成，地面部分采取股权转让、合作开发、代建等多种模式灵活进行建设，有利于于家堡金融集聚区整体规划的落实和实施，同时减轻了单一开发主体的建设资金压力。

第四章

杭州市服务业发展现状与主要做法

第一节 杭州市服务业发展现状

“十一五”以来，杭州市围绕建设服务业强市和长三角南翼现代服务业中心的目标，深入实施“服务业优先”战略，努力推动服务业集聚发展、创新发展、融合发展，实现了发展贡献、行业亮点、业态模式、空间形态、政策体系五大突破，已形成具有鲜明特色和区域优势的服务业发展新格局，服务业综合实力、创新能力和整体发展水平位居全省首位和长三角城市前列。

一、总量迅速扩张，发展贡献有新突破

（一）总量迅速扩张，服务业成为“首位经济”

自“十一五”以来，杭州市服务业快速发展，服务经济对杭州市经济的贡献日益显著。2014 年，服务业增加值达 5067.90 亿元，是“十五”末的 3.89 倍，比“十五”末增加了 3766.63 亿元。2008 年，杭州市服务业增加值

首次突破 2000 亿元，达 2236.56 亿元；2009 年，服务业、第二产业增加值分别为 2473.52 亿元和 2434.89 亿元，服务业增加值首次超过第二产业增加值；2011 年，服务业增加值首次超过 3000 亿元，达到 3458.5 亿元；2013 年和 2014 年，服务业增加值分别突破 4000 亿元和 5000 亿元。总体而言，“十一五”以来，杭州市服务业增加值总量实现了从 1000 亿元时代到 5000 亿元时代的跨越，服务业成为杭州市“首位经济”。2005—2014 年，杭州市三次产业增加值如图 4–1 所示。

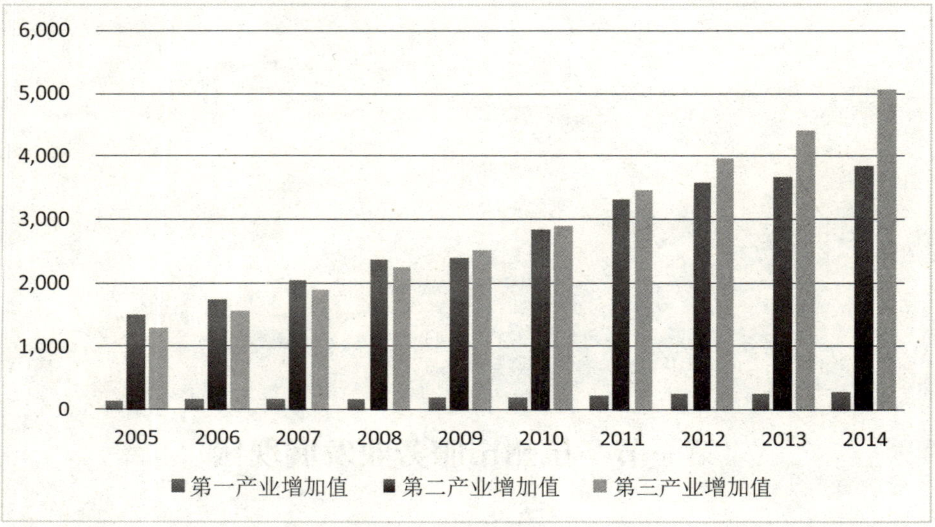

图 4–1　2005—2014 年杭州市三次产业增加值（亿元）

（二）增速略有放缓，但仍快于地区生产总值增速

2006—2014 年，杭州服务业增加值平均增速高达 12.27%[1]。需要说明的是，近年来，杭州市服务业增速持续放缓，分时间段来看，2006—2007 年，杭州市服务业增加值增速要高于 15%，分别为 17.43% 和 16.15%；2008—2012 年，杭州市服务业增加值增速介于 10%~15% 之间；2013—2014 年，杭州市服务业增加值增速低于 10%。服务业增加值增速逐年下降的原因，一是受到全球金融危机和中国经济进入新常态的影响，二是因为服务业增加值总量的快速扩张，使得高速度的增长变得不可持续。根据我们的测算，2006 年，杭州市服务业增加值增速超过 17%，但服务业增加值增量仅为 258.98 亿元，

[1] 数据来源为《杭州市统计年鉴》，以下如无特别说明，指标增速按可比价格测算。

而 2014 年杭州市服务业增加值增速仅为 8.5%，但服务业增加值增量却超过 650 亿元，增量超过 2006 年全年服务业增加值的 40%。此外，杭州市服务业增长速度虽然放缓了，但是服务业增加值增速仍然要高于地区生产总值增速和第二产业增加值增速。“十一五”期间，服务业增加值增速分别高于地区生产总值增速和第二产业增加值增速 2.4 和 3.8 个百分点，“十二五”前四年，服务业增加值增速分别高于地区生产总值增速和第二产业增加值增速 1.0 和 1.7 个百分点。2006—2014 年，杭州市地区生产总值增速和三次产业增加值增速如表 4-1 所示。

表 4-1　2006—2014 年杭州市地区生产总值增速和三次产业增加值增速

年份	地区生产总值增速（%）	第一产业增加值增速（%）	第二产业增加值增速（%）	第三产业增加值增速（%）
2006	14.3	4.1	12.6	17.4
2007	14.6	2.2	14.3	16.2
2008	11.0	3.7	8.9	14.0
2009	10.0	3.1	6.5	14.2
2010	12.0	2.5	12.5	12.3
2011	10.1	2.5	9.8	11.0
2012	9.0	2.5	7.4	10.9
2013	8.0	1.5	7.4	9.0
2014	8.2	1.8	8.1	8.5

（三）发展贡献持续扩大，成为经济增长“第一引擎”

2014 年，杭州市服务业增加值增量达 651 亿元，同期地区生产总值增量为 857.64 亿元，从这个角度出发，服务业对经济增长的贡献率达到 76%。同理，可以测算出杭州市三次产业对经济增长的贡献率。根据测算，服务业对经济增长贡献率从 2006 年的 51.83% 增加到 2014 年的 76%，与此同时，第二产业对经济增长的贡献率则从 2006 年的 46.84% 下降到 2014 年的 22.96%，因此，服务业已成为全市经济增长的“第一引擎”。需要特别说明的是，2009 年全市服务业对经济增长的贡献率高达 91.55%，2013 年全市服务业对经济增长的贡献率也达到 81.6%，这表明在工业发展困难的年度，服务业的健康持续发展对经济稳步增长发挥了极其重要的作用。根据测算，“十一五”期间杭州市服务业对经济增长的平均贡献率为 57.76%，同期第二产业对经济增长的平均贡献率为 40.1%；“十二五”期间杭州市服务业对经济增长的平均贡献率达 68.99%，第二产业对经济增长的平均贡献率下降至 29.02%。综上，近年来，杭州市服务业健康持续发展对于促进全市经济增长具有直接且至关重要的作用，服务业“首位经济”效应持续显现。2006—2014 年，杭州市三次产业对经济增长的贡献率如表 4-2 所示。

表 4-2　2006—2014 年杭州市三次产业对经济增长的贡献率

年份	第一产业对经济增长贡献率（%）	第二产业对经济增长贡献率（%）	服务业对经济增长贡献率（%）
2006	1.33	46.84	51.83
2007	1.30	48.07	50.63
2008	2.39	47.70	49.92
2009	3.58	4.87	91.55
2010	2.08	53.03	44.89
2011	2.65	44.84	52.51
2012	2.34	31.78	65.88
2013	1.90	16.50	81.60
2014	1.04	22.96	76.00

（四）投资贡献稳步增长，房地产投资占比较高

“十一五”以来，杭州市固定资产投资快速增长，2014 年全市固定资产投资 4952.7 亿元，是“十五”末的 3.88 倍；2006—2014 年，杭州市固定资产投资名义年平均增速为 16.24%。服务业固定资产投资对全市固定资产投资的贡献稳步增长。2014 年，杭州市服务业固定资产投资 4018.38 亿元，是“十五”末的 4.83 倍；2006—2014 年，杭州市服务业固定资产投资名义年平均增速为 19.13%，服务业固定资产投资占全市固定资产投资的比重从 2006 年的 66%，稳步提高到 2014 年的 81.14%，年平均提高 1.78 个百分点。房地产开发投资占服务业固定资产投资的比重较高。2014 年，全市房地产开发投资 2301.08 亿元，占服务业固定资产投资的比重为 57.26%，比 2005 年提高了 7.87 个百分点，年平均提高 0.87 个百分点。从这个数据来看，杭州市固定资产投资对房地产开发投资的依赖度相对较大，2014 年全市服务业固定资产投资超过 55% 来源于房地产开发投资，全市固定资产投资中，房地产开发投资超过 45%，房地产开发投资为第二产业固定资产投资的 2.5 倍。2006—2014 年，杭州市三次产业固定资产投资和房地产开发投资如表 4–3 所示。

表 4-3　2006—2014 年杭州市三次产业固定资产投资和房地产开发投资

年份	全市固定资产投资（亿元）	第一产业固定资产投资（亿元）	第二产业固定资产投资（亿元）	第三产业固定资产投资（亿元）	房地产开发投资（亿元）
2006	1373.45	1.79	465.14	906.52	442.65
2007	1583.78	2.33	528.63	1052.82	518.79
2008	1882.29	3.08	570.57	1308.64	615.41
2009	2195.17	3.13	611.55	1580.49	704.68
2010	2651.88	4.20	687.58	1960.10	956.20
2011	3100.02	7.69	748.68	2343.65	1302.72
2012	3722.75	4.27	853.16	2865.33	1597.36
2013	4263.87	8.40	912.53	3342.94	1853.28
2014	4952.7	19.07	915.25	4018.38	2301.08

（五）从业规模不断扩大，就业贡献稳步增长

“十一五”以来，杭州市服务业从业人员规模不断扩大，2013 年末，全市服务业从业人员达 288.93 万人，比 2005 年末增加了 121.62 万人，增长 72.69%，2005—2013 年，年平均增长 7.07%。服务业从业人员占全市从业人员的比重由 2005 年末的 34.78% 提高到 2013 年末的 44.42%，提高 9.64 个百分点，年平均提高 1.2 个百分点，服务业成为带动社会就业的重要渠道，对促进经济增长和稳定社会有不可替代的重要作用。从三次产业从业人员结构变动来看，2005—2013 年，杭州市第一产业从业人员占比从 19.05% 下降

到 10.77%，下降 8.28 个百分点；第二产业从业人员占比从 46.18% 下降到 44.81%，下降 1.37 个百分点。因此，杭州市服务业从业人员占比提高主要缘源于第一产业从业人员比重的下降。2005—2013 年，杭州市三次产业从业人员比重如表 4–4 所示。

表 4-4　2005—2013 年杭州市三次产业从业人员占全部从业人员比重

年份	第一产业从业人员占比（%）	第二产业从业人员占比（%）	第三产业从业人员占比（%）
2005 年	19.05	46.18	34.78
2006 年	16.97	45.81	37.22
2007 年	15.75	46.02	38.24
2008 年	14.10	46.30	39.59
2009 年	13.42	46.53	40.05
2010 年	12.09	45.70	42.21
2011 年	11.32	45.33	43.34
2012 年	10.92	45.00	44.07
2013 年	10.77	44.81	44.42

二、结构渐趋优化，行业亮点有新突破

自“十一五”以来，杭州市服务业重点产业增势良好，文化创意、旅游休闲、金融服务和电子商务“四中心”发展亮点频现，产业增加值增速持续高于全市服务业增加值增速和地区生产总值增速，产业规模持续扩大，收入效益稳定发展，已处于全国领先地位。

（一）文化创意产业迅猛发展

“十一五”以来，杭州市高度重视文化创意产业发展，2007 年提出了打造全国文化创意中心的战略目标，“全国文化创意中心”成为杭州城市定位“一

基地四中心”的重要组成部分；2008 年，杭州市提出构建“3+1”现代产业体系和实施“软实力”提升战略的重要部署，进一步确立了文化创意产业的战略地位。2014 年，杭州市实现文化创意产业增加值 1607.27 亿元，2008—2014 年，文化创意产业增加值年平均增长 16.56%，文化创意产业增加值占全市地区生产总值的比重从 2008 年的 12.1% 提高到 17.5%，年平均提高 0.9 个百分点。全市文化创意产业收入平稳发展，2014 年，全市文化创意产业限额以上企业实现主营业务收入 2842.07 亿元，实现利润总额 587.32 亿元；产业规模不断扩大，全市文化创意产业限额以上企业资产总计达 4347.56 亿元，从业人员达 33.68 万人。原创动画片年产量连续多年居全国各城市第一，中国国际动漫节被国家广电总局评为“中国最具影响力的动漫节展”，成功加入联合国教科文组织全球创意城市网络，成为“工艺和民间艺术之都”，成功创建首批“国家级文化和科技融合示范基地”，国家级影视产业国际合作实验区总部落户杭州，初步打响全国文化创意中心品牌。

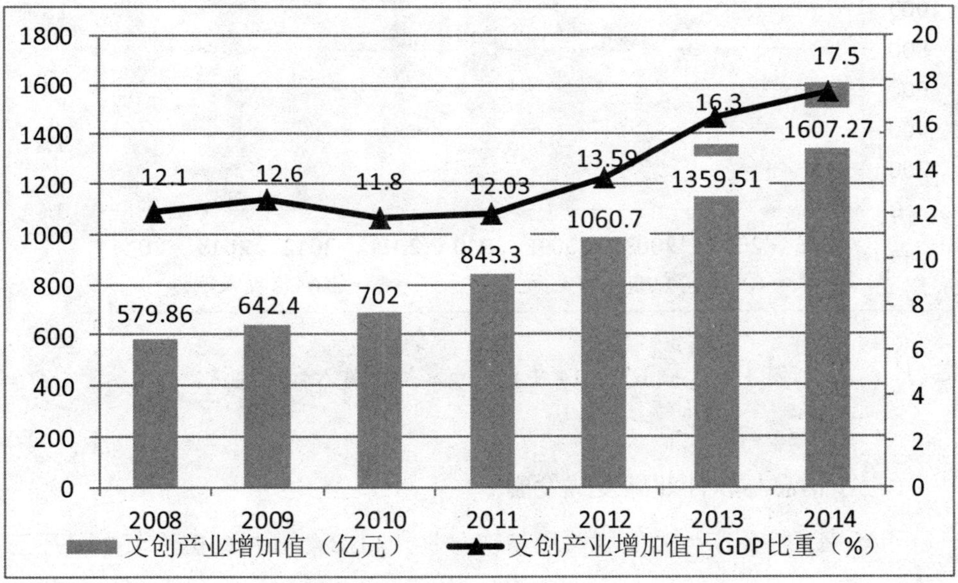

图 4-2　2008—2014 年杭州市文创产业增加值和占比情况

（二）旅游休闲业发展迅速

旅游休闲业一直是杭州市现代服务业发展的重点，特别是近年来杭州市提出“旅游西进”“旅游国际化”发展战略，全面实施旅游全域化战略，构建全域化旅游产业格局，建设国际重要的旅游休闲中心，全市旅游产业发展迅速，规模总量全国领先。“十一五”以来，杭州旅游总收入由 2006 年的 543.69 亿元增加到 2014 年的 1886.33 亿元，年平均增长 16.83%，增速远高于地区生产总值增速；旅游外汇收入由 2006 年的 9.09 亿美元提高到 2014 年的 23.18 亿美元；接待国内旅游者人数从 2006 年的 3682.14 万人次增长到 2014 年的 10606.43 万人次，首次突破 1 亿人次；接待入境旅游者人数从 2006 年的 182.02 万人次增长到 2014 年的 326.13 万人次。2014 年，旅游业增加值占全市地区生产总值的 6.6%，占服务业增加值的 11%，旅游业已成为杭州市国民经济的支柱产业和第三产业的龙头，“东方休闲之都”地位进一步确立。

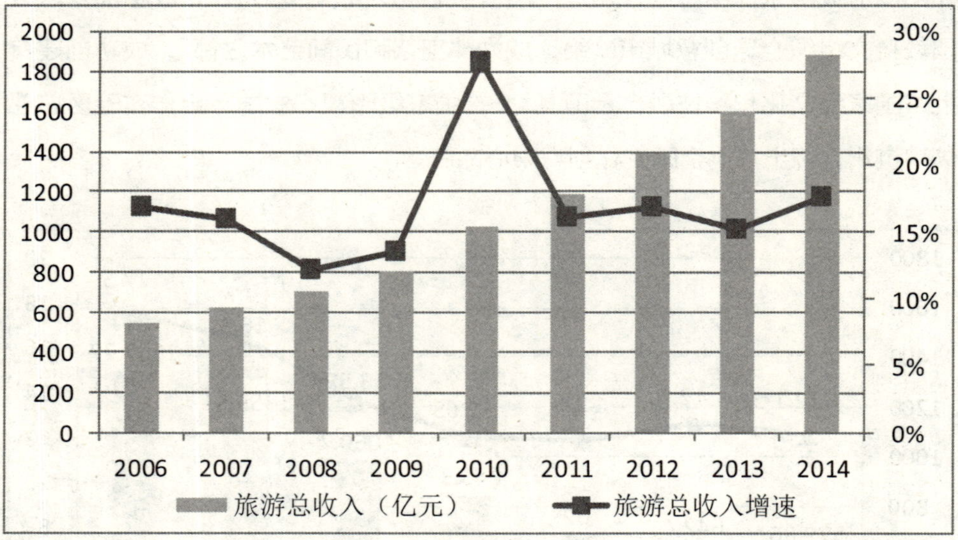

图 4-3　2006—2014 年杭州市旅游总收入和增速情况

（三）信息与软件业爆发式发展

近年来，杭州市大力发展信息与软件业，2013 年 6 月，杭州市委召开工作会议，专题部署以加快信息化和信息产业发展为突破口，全面推动创新型经济跨越式大发展工作，出台《中共杭州市委、杭州市人民政府关于进一步加快信息化建设推进信息产业发展的实施意见》。2014 年 4 月，杭州市被工业和信息化部授予“中国软件名城”称号。2014 年 7 月，杭州市委出台《中共杭州市委、杭州市人民政府关于加快发展信息经济的若干意见》，提出发展智慧经济，推进智慧应用的“一号工程”。据杭州市统计局统计，2013 年，杭州市信息软件增加值达到 678.72 亿元，增加值占 GDP 比重升至 8.13%，增速达 23.5%。信息与软件业已成为杭州市重要的支柱产业。杭州的信息与软件业城市竞争力在全国 19 个副省级以上城市中名列第五位，软件业务收入总量已突破全国总量的 5%，综合竞争力、规模效益等均处于全国前列。截至 2013 年末，杭州市以软件和信息服务为核心的上市企业累计达到 32 家（数量列省会城市第二位）。全市共有 10 家软件企业入围 2013 年中国软件业务收入前百家企业（数量列全国城市第二位），26 家企业被认定为 2011—2012 年度国家规划布局内重点软件企业，比 2010 年度增加 8 家。全市软件业务收入超亿元企业超过 100 家，其中，超百亿元企业 2 家。此外，杭州市还涌现出一批以阿里巴巴、浙大网新为代表的知名企业，被中国电子商务协会授予“中国电子商务之都”称号。

（四）金融服务业快速增长

2010 年，国务院正式批准实施《长江三角洲地区区域规划》，其中明确杭州是长三角除上海外唯一的“区域性金融服务中心”。“十二五”期间，杭州市提出要打造“中小企业金融服务中心”和“民间资本财富管理中心”。杭州的金融服务业发展水平，处于全国前列。2014 年，杭州市金融服务业实现增加值 962.17 亿元，增长 9.8%，金融服务业增加值总量居全国第七位，仅次于上海、北京、深圳、天津、广州和重庆，金融总量和金融综合竞争力均位居全国大中城市第五，金融生态环境连续多年位居全国大中城市第一。金融业增加值占地区生产总值比重提高到 10.46%，金融业为杭州 GDP 贡献了 1/10 力量，仅次于三大金融中心城市北京、深圳、上海。全市金融机构本外币存款余额 24450.51 亿元，增长 10.3%；贷款余额 21316.83 亿元，增长 10.2%，成为全国第六个存贷款双双突破 2 万亿元的城市。

三、业态不断创新，发展模式有新突破

楼宇（总部）经济、服务外包等创新型业态不断发展。围绕打造全国民营企业总部中心目标，全面推进楼宇招商、楼宇更新、楼宇建设，楼宇经济快速发展，杭州市在全国率先完成了楼宇总部经济信息管理平台项目管理系统与门

户网站运营，出台《杭州市楼宇指数研究报告》，并向社会发布杭州市楼宇指数，走在了全国前列。截至 2014 年末，全市税收 3000 万以上楼宇 198 幢，其中，超亿元楼宇达 78 幢。国、地税总收入达 253.47 亿元。2014 年，西湖区入选《中国楼宇经济发展报告（2014）》“十大活力城区”。

表 4-5　2014 年杭州市楼宇经济发展情况

城区	2014 年底投入使用的规模以上楼宇（幢）	国、地税总收入（亿元）	其中：地方财政收入贡献（亿元）	税收 3000 万（含）以上楼宇（幢）	税收亿元（含）以上楼宇（幢）	单位商务面积地方财政收入贡献（元 / m^2）	平均入驻率（%）
上城区	57	51.4	29.35	34	11	1467	95
下城区	119	65.6	40.74	63	37	3470	93.07
西湖区	98	63.59	37.45	38	15	1558.9	90
拱墅区	30	13.1	9.2	15	3	1200	90
江干区	71	32.6	19.4	34	6	1600	85
高新（滨江）区	9	20.1	8.3	6	4	1195	80.5
萧山区	12	4.08	2.48	5	1	1168	82
余杭区	5	1.5	0.6	1	1	1000	75
经开区	6	1.5	0.8	2	0	803	80
合 计	407	253.47	148.32	198	78		

说明：

1. 国、地税总收入包括：上交国家及地方的税收总收入。
2. 地方财政收入贡献包括：增值税、资源税、企业所得税、营业税、印花税、城镇土地使用税、土地增值税、房产税、车船使用税等。
3. 单位商务建筑面积地方财政收入贡献 = 地方财政收入贡献 / 商务建筑面积。
4. 平均入驻率（%）= 入驻企业占用商务建筑面积 / 总商务建筑面积。
5. “规模以上楼宇”指《杭州市人民政府办公厅关于加快楼宇经济发展的若干意见》中规定的适用范围，或楼宇税收在 1000 万元（含）以上。

资料来源：杭州市发展和改革委员会，http：//www.hzdpc.gov.cn/

全市服务外包快速发展。2011 年，杭州市被国务院批准为中国服务外包示范城市。研发设计、移动增值服务、数字新媒体、动漫游戏、电子商务、文化创意等新兴服务业态不断涌现，商业模式不断创新，已总结提炼出 150 多例服务业商业创新模式，服务业的创新发展已成为杭州产业创新的亮点。近年来，全市服务外包产业呈现出规模持续扩大、产业质量不断提升、行业领域更加集聚等特点。2014 年，杭州市离岸服务外包合同执行额 41.00 亿美元，首度突破 40 亿美元大关，占浙江省总额的 72.63%，居全省首位，继续保持全国领先地位。服务外包产业业务以高附加值的软件研发等为主，产业创新能力不断增强，服务质量稳步提升。服务外包产业中，通信服务、物联网研发和金融外包特色鲜明：离岸服务外包合同执行额中，通信服务和物联网研发为 14.14 亿美元，占全市离岸总执行额的 35％；金融服务外包离岸执行额为 2.00 亿美元，占全市离岸总执行额的 5%。龙头企业产业集聚作用更加突出：离岸执行额在千万美元以上的企业离岸执行额达 34.31 亿美元，占全市总额的 83.68%，其中离岸执行额在 1 亿美元以上的企业有 4 家，离岸执行额在 5000 万—1 亿美元的企业有 8 家。

四、集聚效应显现，空间形态有新突破

近年来，杭州市先后出台《杭州市服务业集聚区总体布局规划》《杭州市现代服务业重点集聚区认定管理暂行办法》和《杭州市现代服务业集聚区考核办法》，加快引导服务业集聚发展。2011 年，杭州市认定第一批 19 个现代服务业重点类集聚区和 13 个培育类集聚区。2012 年，杭州市认定第二批 6 个现代服务业重点类集聚区和 15 个培育类集聚区，其中富文乡青田旅游休闲集聚区由第一批现代服务业培育类集聚区升级为第二批现代服务业重点类集聚区。2014 年，杭州市认定第三批 2 个现代服务业重点类集聚区和 10 个培育类集聚区，其中杭州和达文化创意产业园、浙江海外高层次人才创新园由第二批现代服务业培育类集聚区升级为第三批现代服务业重点类集聚区，并新增健康服务业作为现代服务业培育类集聚区类型，新增上城高端医疗服务集聚区、杭州天和高科技产业园、桐庐富春山健康城作为市培育类集聚区。截至 2014 年底，全市共有 16 个集聚区列入浙江省现代服务业集聚示范区名单，共形成

62家市级现代服务业集聚区。截至2014年底，杭州市十大文化创意产业园区、服务外包三大功能区、“一区两带”金融服务功能区、旅游休闲功能区、中央商务区、现代物流服务功能区等现代服务业功能区建设稳步推进，形成了一批服务业企业集聚、产业特色鲜明的现代服务业集聚区。

五、环境不断完善，政策体系有新突破

2008年，杭州市委十届四次全会确立“服务业优先”战略，出台《关于实施“服务业优先”发展战略进一步加快现代服务业发展的若干意见》，加大对服务业在市场准入、用地保障、税费优惠、政府投入、人才支撑等方面的支持力度，并每年召开服务业大会，形成全市上下重视服务业发展的浓厚氛围。完善服务业发展领导机制，形成以“1+10”工作机构网络和服务业协调例会为核心的协调机制，建立完善考评激励机制，有力推动了服务业的快速发展。由政府领导主持的服务业协调例会推动政企快速沟通、及时解决实际困难，以点带面推动行业发展，已成为具有全国影响的服务业工作品牌。

六、成功列入国家服务业综合改革试点城市

2010年初，根据国家发展和改革委员会安排，在全国范围内挑选一批发展较快、特色鲜明、勇于创新的城市开展服务业综合试点改革工作。杭州市积极开展申报工作，精心编写申报试点方案，总结了服务业发展在产业规模、政策体系、重点领域、发展特色、投入力度、推进机制、地理区位、投资环境、体制机制和发展潜力十大方面的优势，阐明了申报试点城市的产业基础和目标任务，提出要围绕打造“长三角南翼现代服务业中心”的目标，加快实现从“杭州制造”向“杭州创造”“杭州服务”“杭州创意”的跨越。2011年11月，杭州作为全国首批国家服务业综合改革试点城市获国家发展和改革委员会批准，这对杭州市在加快现代服务业发展，建设服务业强市工作中创新发展工作机制和环境氛围，探索政策引导、财政支持、土地倾斜、体制机制改革方面具有十分重大而深远的意义。

第二节　杭州发展服务业的主要做法

近年来，杭州市坚持“服务业优先”发展战略，深化服务业与工业化、服务业与城市化、现代服务业与传统服务业、政府引导与市场主体4个结合，加快构筑与“生活品质之城”相适应的“高增值、强辐射、广就业”的现代服务业体系，全力推进服务业发展，主要抓了十个方面的工作。

一、抓落实，完善体制机制，形成齐抓共管的发展格局

2005年以来，杭州市每年召开全市现代服务业发展大会，对实施“服务业优先”发展战略做出全面部署，并提出实现从服务业大市向服务业强市历史性跨越的奋斗目标。及时调整充实市发展现代服务业领导小组，市主要领导亲自抓。对服务业十大重点领域，建立由市委、市政府分管领导牵头，主管部门具体负责，相关部门密切配合的协调推进责任制，形成“1+10”服务业发展领导体系。相继召开服务业十大重点发展领域专题会议，结合实际工作分解目标任务，明确责任单位、配合单位和完成期限。各级各部门及时完善服务业发展领导机制，健全服务业工作机构和服务网络，并结合本地区、本部门特点，提出了具体的实施意见，形成了上下联动、条块结合、齐抓共管的服务业发展格局。

二、抓政策，全方位扶持，形成强有力的推动作用

政策是服务业发展的助推器。2005年以来，杭州市出台了200多项服务业发展扶持政策，先后制定下发《关于实施“服务业优先”发展战略，进一步加快现代服务业发展的若干意见》《关于推进现代服务业标准化建设的若干意见》《关于进一步优化工商服务支持企业发展的若干意见》等文件，明确了放宽市场准入、完善投融资体制、加强用地保障、鼓励制造业主辅业分离、加大财政投入、调整服务业用水用电用气价格等方面的政策。制定《关于实

施“杭州市服务业高级人才培养工程”的意见》，举办杭州市现代服务业领导干部与高层次人才研修班，对百家服务业监测企业开展相关培训工作，大力推进服务业高级人才培训。

三、抓规划，加强规划引领，指导服务业重点有序发展

规划是统一行动的指南。在《杭州市“十二五”经济社会总体规划纲要》指导下，按照《长江三角洲地区区域规划》中杭州作为长三角南翼现代服务业中心和“一基地四中心”的城市定位，针对杭州实际，市服务业办和市服务业十大领域主管部门分别编制了《杭州市“十二五”现代服务业发展规划》和各重点领域发展规划，各区、县（市）也根据各地实际制定了本地区的“十二五”服务业发展规划,形成了完善的规划体系。这些规划的发布为杭州市“十二五”服务业发展指明了方向，明确了目标，提出了任务、措施和重点实施项目。

四、抓协调，首创月度例会制，有效促进服务业发展

建立全市服务业月度协调例会制度，并形成三级协调机制，即市发展现代服务业领导小组、市发展现代服务业领导小组办公室、市十大重点发展领域办公室和区、县（市）发展现代服务业领导小组办公室这三个层面。由市长主持召开市级例会，协调解决涉及金融、物流、商贸等不同服务业领域存在的问题。服务业月度协调例会制度采用“解剖麻雀”、以小见大的方法，发挥个案解决的放大效应，通过案例分析来推动面上类似问题的解决，已成为杭州市服务业工作的一大特色和亮点。

五、抓平台，引导集聚区建设，创建服务业发展研究中心

规划和建设现代服务业集聚区是推进杭州市服务业发展的重要载体，也是全市服务业工作的重要抓手。2010 年 1 月，杭州市出台了《杭州市现代服务业集聚区总体布局规划》，确定培育 18 个重点扶持类集聚区、19 个规划引导类集聚区、4 个重点策划类集聚区。在浙江省发展和改革委员会的帮助指导下，

全市有 5 个集聚区列入省重点类服务业集聚区，13 个集聚区列入省备选集聚区。各城区也相应编制了区级服务业集聚区规划。出台并完善市级服务业集聚区认定管理、政策扶持、管理监测等相关政策，把服务业集聚区建设与城市综合体建设相结合，与专业市场改造提升相结合，与项目指挥部工作考核相结合，努力探索形成集聚区的工作管理体系。此外，借助浙江大学的学科优势、人才优势，成立了“浙江大学—杭州市服务业发展研究中心”，对全市服务业发展的理论、政策问题和产业规划开展全方位研究。

六、抓项目，建立领导联系制度，加快重大项目建设进程

各级领导通过现场协调会等形式及时协调解决服务业项目在规划、资金、用地、建设等方面遇到的困难和问题，建立市领导联系重大项目制度，一批服务业重大项目成为市领导的联系项目，保证了重大项目的顺利推进。为推进项目建设，每年初，市与各区县（市）还签订服务业项目建设责任状，以目标任务书形式下达至各区县（市），并建立相应的督查制度，将项目推进工作落到实处。同时，加强项目库建设，对项目库及时更新，动态管理。

七、抓投入，不断加大财政扶持力度，发挥“四两拨千斤”作用

设立市服务业发展引导资金，建立起以财政资金为引导，信贷、外资、社会资金为主体的多元化服务业投融资体制，引导科技银行和社会创投机构，设立种子基金、天使基金、债权基金、网络联保贷款、担保基金、创投引导基金，满足成长性企业在种子、起步、成长、扩张等各阶段对资金的需求，有效缓解服务业企业融资难问题，促进服务业快速发展。2010 年市本级安排服务业发展专项资金 14.47 亿元，并设立首期服务业债权基金 1.5 亿元，组建规模 10 亿元的现代服务业投资基金，首期 2.2 亿元已经启动。

八、抓试点，先行先试，探索推进服务业重点领域改革

经过努力争取，杭州市成为国家服务业综合改革试点区域之一，开展为期

五年的试点改革工作。为推动全市服务业综合改革试点工作的展开，市政府成立了由市长任组长，5 位副市长任副组长，成员单位涵盖服务业十大领域部门和财政、统计、国土、规划等部门的杭州市国家服务业综合改革试点领导小组和办公室（服务业办）。领导小组统一部署全市服务业综合改革试点工作，创新体制机制，完善政策措施，积极探索加快服务业发展的有效途径，为服务业综合改革试点提供组织保障。市服务业办通过细化试点方案，分解试点任务，组织试点案例，典型带动、条块结合、扎实有效地推进试点改革工作。

九、抓考核，强化目标分解考核，形成逐级负责的推进机制

完善《杭州市服务业考核奖励办法》，加大对服务业发展的考核力度。建立服务业企业监测数据库，实行服务业发展监测月报制；定期向企业反馈监测报告、最新政策；建立企业走访制度，定期走访部分监测企业，了解最新发展情况，及时帮助企业解决相关问题。坚持目标完成与日常工作并重的原则，将市 13 个区、县（市）和市服务业十大重点发展领域增加值增长目标纳入市考评办的综合考核体系中。将目标责任逐级分解量化，向乡镇、街道延伸，形成了一级抓一级、一级带一级、一级对一级负责的推进机制。

十、抓宣传，不断拓宽宣传渠道，营造服务业发展的浓厚氛围

加大对服务业工作的宣传力度，落实服务业十大领域部门专人负责服务业信息定期报送制度，开展多种形式的宣传活动，对服务业发展过程中呈现的亮点、新兴业态、发展模式创新、服务业发展成果等在诸多媒体上进行宣传推广，营造全市上下学习服务业发展政策、交流服务业发展经验、齐心协力推动服务业发展的良好氛围。

第五章

杭州市服务业集聚区发展现状与主要做法

第一节 杭州市服务业集聚区总体发展状况

经过多年培育和发展，杭州市现代服务业集聚区规模逐渐壮大，形成了一批各具特色和发展潜力较大的服务业集聚区，产业门类逐步健全，集聚效应和辐射效应逐渐显现。

一、规模逐渐壮大，集聚能力日益增强

据初步统计，截至 2014 年底，杭州市共有各种类型的服务业集聚区 80 多个，分布在服务业各大行业中。其中一些服务业集聚区在建设规模和水平上已经呈现出领先全国的特征。其中包括文化创意产业集聚区 10 多个，信息与软件业集聚区 20 多个，金融服务业集聚区两个，现代物流业集聚区 10 多个，它们成为杭州市具有一定特色和发展潜力的集聚区。到 2014 年底，杭州市拥有 16 家省级现代服务业集聚示范区，27 家市级现代服务业重点类集聚区，35

家市级现代服务业培育类集聚区，共计62家现代服务业集聚区（含省市两级认定），涵盖文化创意产业、商贸服务业、信息与软件业、大旅游产业、现代物流业、科技服务业、健康服务业共七大类。其中，文化创意产业集聚区11个，商贸服务业集聚区17个，信息与软件业集聚区6个，大旅游产业集聚区12个，现代物流业集聚区6个，科技服务业集聚区7个，健康服务业集聚区3个。

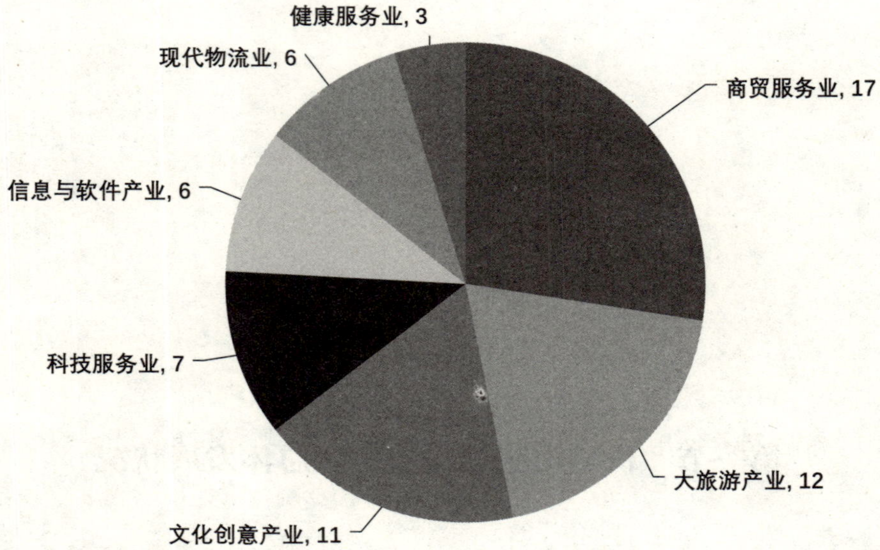

图5-1　2014年杭州市各类型现代服务业集聚区分布情况

杭州市现代服务业集聚区规模日益壮大，呈现良好的发展态势，已成为杭州市承接和集聚现代服务业生产力的重要载体。2014年，杭州市62个市级集聚区实现营业收入4100多亿元，比去年同期增长超过21%。62个集聚区共上缴税收188亿元，同比增长超过36%。其中，营业收入超过100亿元的现代服务业集聚区有9家，主要包括：杭州未来科技城（952亿元），上塘商贸专业市场集聚区（798亿元），三里亭1737建筑设计部落（398亿元），浙江省科研机构创新基地（382亿元），萧山新世纪市场园区（287亿元），北部软件园（215亿元），中纺城商贸综合体（174亿元），东部软件园（113亿元），上城高端医疗服务集聚区（101亿元）。税收超过5亿元的现代服务业集聚区有7家，包括杭州未来科技城（69.6亿元），西溪谷科技集聚区（28.4亿元），浙江省科研机构创新基地（15.4亿元），湖滨南山路综合体（13.3亿元），北部软件园（7.8亿元），萧山新世纪市场园区（6.9亿元），三里亭1737建筑设计部落（6.2亿元）。营业收入增速超过20%的现代服务业集聚区有18家，税收增速超过20%的现代服务业集聚区有20家。集聚区的快速发展，有力地推动了全市现代服务业发展，增加全市经济增长，提高全市经济发展的质量和效益。

二、入驻企业增多，集聚效应日渐显现

杭州市现代服务业集聚区入驻企业不断增加，到2014年底，共有超过5万家企业入驻集聚区，其中，商贸服务业集聚区共有超过22000家企业（含商户），入驻现代物流业集聚区2000家企业，文化创意产业集聚区近2000家企业，信息与软件业集聚区约有17000家企业，科技服务业集聚区约5000家企业，大旅游产业集聚区约4000家企业（含小型服务业企业），集聚区集聚效应增强。全市现代服务业集聚区吸纳就业人数超过32万人，其中，商贸服务业集聚区企业吸纳就业人数超过17万人，科技服务业集聚区企业吸纳就业人数超过8万人，文化创意产业集聚区企业吸纳就业人数超过3.5万人，健康服务业集聚区企业吸纳就业人数超过1.3万人。此外，全市现代服务业集聚区吸引了一批有实力、有影响力的大企业入区发展。如杭州未来科技城吸引了阿里巴巴企业入驻，带动了整个集聚区的快速发展；浙江传化物流基地培育出10家国家A级物流企业；萧山国际机场物流集聚区引进一批如顺丰速运、长龙货航等大型物流企业入驻；新加坡杭州科技园2010年被认定为“浙江省服务外包示范园区”和“国家级试点服务外包基地”，引进一批具有高科技、高附加值、高新服务等多方面优势的国际先进企业；杭州高新区中国互联网经济产业园、东方电子商务园等集聚区引进一批如阿里巴巴、网易、中国水晶网、赶集网等行业龙头企业，集聚区内龙头企业的辐射带动作用不断增强。

三、门类较为齐全，结构布局不断优化

截至2014年底，杭州已认定的现代服务业集聚区门类较为齐全，其中，大旅游、文化创意、信息与软件等服务业集聚区占比较重，产业结构层次相对较高。具体来看，杭州市重点类集聚区主要包括商贸服务业集聚区8个，大旅游产业集聚区4个，文化创意产业集聚区7个，科技服务业集聚区1个，信息与软件业集聚区6个，现代物流业集聚区1个。培育类集聚区主要包括商贸服务业集聚区9个，大旅游产业集聚区8个，文化创意产业集聚区4个，科技服务业集聚区6个，现代物流业集聚区5个，健康服务业集聚区3个。其中，富文乡青田旅游休闲集聚区由第一批市现代服务业培育类集聚区升级为第二批市现代服务业重点类集聚区；浙江海外高层次人才创新园、杭州和达文化创意产业园由第二批市现代服务业培育类集聚区升级为第三批市现代服务业重点类集聚区。

表5-1　2014年杭州市现代服务业重点类、培育类集聚区数量

集聚区类别	杭州市现代服务业重点类集聚区数量	杭州市现代服务业培育类集聚区数量	合计
商贸服务业	8	9	17
大旅游产业	4	8	12
文化创意产业	7	4	11
科技服务业	1	6	7
信息与软件产业	6	0	6
现代物流业	1	5	6
健康服务业	0	3	3
合计	27	35	62

杭州市现代服务业集聚区覆盖了几大中心城区和县市区，由于各产业发展的条件不同，各地区的区域优势和产业基础，现代服务业集聚区的分部也有所

差异。其中，萧山区、江干区（含杭州经济开发区）的现代服务业集聚区数量最多，达到 8 个，余杭区、下城区、西湖区的现代服务业集聚区数量都为 6 个，上城区、建德市的现代服务业集聚区数量都为 5 个，桐庐县、临安市、滨江区的现代服务业集聚区数量都为 4 个。分重点类和培育类看，全市 27 个现代服务业重点类集聚区，有 24 个集中在主城区；全市 35 个现代服务业培育类集聚区，有 24 个集中在主城区。

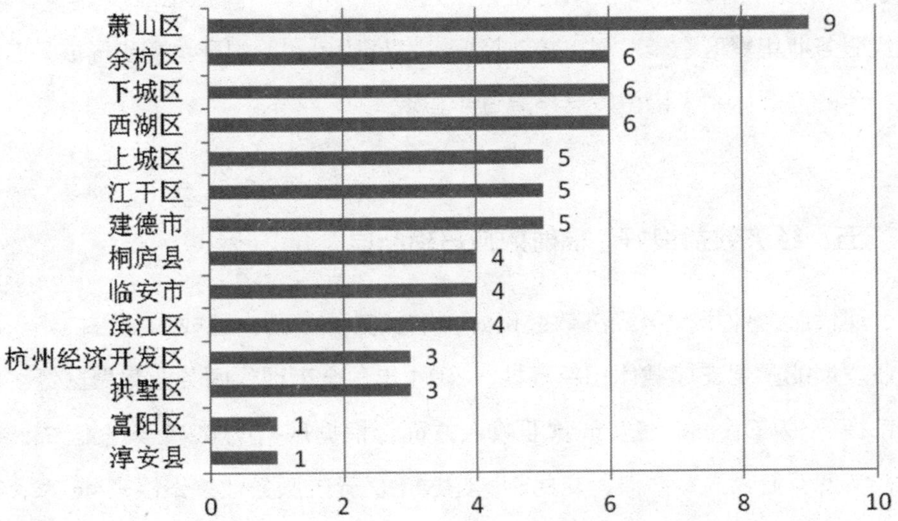

图 5-2　2014 年杭州市现代服务业集聚区区域分布情况

具体到各类型的现代服务业集聚区分布情况，杭州市文化创意产业、商贸服务业、科技服务业、信息与软件业集聚区主要分布在上城区、下城区、江干区、西湖区等中心城区，现代物流业、大旅游产业集聚区主要分布在萧山区、建德市、临安市、淳安县等区域。产业布局与区域资源优势较吻合，初步形成各具特色、协调发展的发展格局。

四、集聚特色初显，发展格局逐步显现

经过多年的培育与发展，各类现代服务业集聚区已初步形成特色鲜明的产业体系。如杭州市商贸服务业集聚区已初步形成包含农产品交易、纺织原料交易、时尚女装、汽车建材等专业市场群，新世纪市场园区还获得“中国最佳商

品市场集聚示范区”“中国最具发展潜力专业市场园区”等荣誉称号；在文化创意产业集聚区内，各园区形成的产业体系有所差异，山南创意园初步形成以建筑设计、广告传媒、文化策划为主的产业格局，白马湖生态创意城形成以文创和动漫游戏为主的产业格局，凤凰创意国际园区形成以动漫游戏、设计、新媒体、艺术品等为主的产业格局，赛博创业工场被定为“国家科技企业孵化器”“浙江省小企业创业基地”“杭州市青年创业基地”“杭州市文化创意产业大学生创业孵化基地”“杭州特色软件园”和“杭州市特色工业设计园”等。现代服务业集聚区稳步发展，势头良好，发展质量有所提升，初步形成具有一定特色的产业体系，错位发展格局逐步显现。

五、经济效益良好，辐射效应日趋凸显

现代服务业集聚区经济效益良好，增长势头强劲，已成为促进杭州市服务业发展的重要支撑载体和新高地。2014 年，全市现代服务业集聚区经济效益都得到较好增长。在实现营业收入方面，根据现有的 62 个集聚区统计数据，实现营业收入（产值、交易额）超过 1 亿元的服务业集聚区有 48 家，其中，超过 10 亿元的服务业集聚区有 34 家，超过 50 亿元的服务业集聚区有 12 家，超过 100 亿元的服务业集聚区有 9 家。此外，在经济新常态的背景下，全市现代服务业集聚区仍然呈现较快增长，除去极少数现代服务业集聚区出现营业收入下降的情况，全市有超过 28 家的现代服务业集聚区营业收入增幅超过 10%，6 家服务业集聚区营业收入增幅超过 50%，18 家服务业集聚区营业收入增幅超过 20%。在实现税收方面，2014 年，杭州市税收超过 1000 万元的现代服务业集聚区有 45 家，税收超过 1 亿元的现代服务业集聚区有 22 家，税收超过 5 亿元的现代服务业集聚区有 7 家，此外，有 4 家现代服务业集聚区税收超过 10 亿元，杭州未来科技城更是以 69.62 亿元的税收位居杭州现代服务业集聚区税收榜首。在吸纳就业上，2014 年，杭州市 62 家现代服务业集聚区吸纳就业人数超过 32 万人，其中，就业人数达到 3000 人以上的现代服务业集聚区有 24 家，就业人数超过 1 万人的现代服务业集聚区有 7 家。现代服务业集聚区吸纳就业能力较强，社会关联效应进一步显现，社会辐射效应突出。2014 年杭州市现代服务业集聚区营收情况如表 5-2 所示。

表 5-2　2014 年杭州市现代服务业集聚区营收情况

集聚区类别	营业收入（亿元）	税收（亿元）
重点类	2193	106
科技服务业	952	70
文化创意产业	458	10
信息与软件业	404	14
商贸服务业	334	9
现代物流业	29	2
大旅游产业	15	1
培育类	1926	82
商贸服务业	1270	29
科技服务业	429	44
健康服务业	103	1
大旅游产业	49	2
现代物流业	38	3
文化创意产业	37	3
总　计	4119	188

根据表 5–2，2014 年，杭州市现代服务业集聚区营业收入最高的类别为商贸服务业 1604 亿元，实现税收 38 亿元；科技服务业实现营业收入 1381 亿元，实现税收 114 亿元；文化创意产业实现营业收入 495 亿元，实现税收 13 亿元；信息与软件业实现营业收入 404 亿元，实现税收 14 亿元；健康服务业实现营业收入 103 亿元，实现税收 1 亿元；现代物流业实现营业收入 67 亿元，实现税收 5 亿元。如果将信息与软件业、科技服务业集聚区合并成信息服务业集聚区，那么杭州市现代服务业集聚区最大的类别应该是信息服务业集聚区（信息与软件业、科技服务业），集聚区的营业收入高达 1785 亿元，实现税收达 128 亿元。

六、扶持力度加大，发展环境不断完善

近年来，杭州市相继出台了《关于实施“服务业优先”发展战略，进一步加快现代服务业发展的若干意见》《杭州市现代服务业发展引导资金使用管理办法》《杭州市现代服务业集聚区认定管理暂行办法》《杭州市人民政府关于进一步加快发展现代服务业的实施意见》及促进文化创意产业、科技服务业、商贸服务业、信息软件服务业、创新创业等一系列政策文件，加大服务业引导资金扶持力度和服务业人才引进培养力度。2012 年出台的《杭州市人民政府关于进一步加快发展现代服务业的实施意见》对支持服务业集聚区建设和发展、鼓励服务业集聚区公共平台建设及服务业集聚区内鼓励发展的企业做出明确详细的政策扶持规定，在奖励、税费、土地、人才培育和引进、推进项目服务等方面加大扶持力度。同时，各区、县（市）根据杭州市加快发展现代服务业集聚的政策与精神，因地制宜，也出台了一系列支持本区域现代服务业及集聚区发展的扶持政策，对符合政策的企业及时兑现扶持政策与奖励措施。

第二节　典型服务业集聚区发展状况

一、文化创意产业集聚区成果显著

文化创意产业是指依靠创意人的智慧、技能和天赋，借助于高科技对文化资源进行创造与提升，通过知识产权的开发和运用，产生出高附加值产品，具有创造财富和就业潜力的产业。杭州市深入挖掘文创资源，规划发展了一批各具特色的文化创意产业集聚发展载体，取得了显著成果。截至 2014 年底，杭州市市级文化创意产业集聚区有 11 个，分别为：山南国际设计创意产业园、南宋御街中北创意街区、三里亭 1737 建筑设计部落、赛博创业工场、凤凰·创意国际、白马湖生态创意城、杭州和达文化创意产业园、杭州经纬国际创意产业园、西溪创意产业园、西溪艺术集合村、临安市鸡血石文化街。南宋御街中北创意产业园被列入《浙江省服务业集聚区规划》，成为全省重点发展

的30个重点集聚区之一。之江文化创意园、白马湖生态创意城、杭州国家动画产业基地等集聚区的发展也带动了杭州市文化创意产业的跨越式发展。

全市文化创意产业集聚区布局的主要特点是“一校、二河、三区”。“一校”，是利用中国美术学院的人力资源优势发展集聚区，主要有西湖创意谷、之江文化创意园和正在积极规划中的中国美术学院国家大学创意园。“二河”，第一河是指主要由拱墅区和下城区政府利用旧厂房沿运河分布的集聚区，主要有运河天地创业园、创新创业新天地。文化创意园区大都利用原有的厂房和楼房或者民居，注重造型，提升了杭州形象。第二河（溪）即西溪湿地建设的西溪创意产业园。“三区”，第一区是杭州高新技术开发区中的江南高教园区；第二区是杭州高新技术开发区中的城西地区及临近的浙江大学各校区和浙江工业大学等组成的小和山高教区；第三区指杭州经济技术开发区及下沙高教区。

二、信息与软件业集聚区建设成就令人瞩目

信息与软件业是服务业的重要内容之一，主要包括电信运营业、软件与系统集成服务业、信息技术服务业、网络与数字增值业务服务业共4个门类。信息技术是改造提升传统产业和提高各行业素质、效率、竞争力的重要手段。信息服务业是经济社会发展的基础性、战略性、支柱性产业，是信息化与工业化融合的支撑。近年来，杭州市信息与软件业发展取得了令人瞩目的成就，截至2014年底，全市已有20多个有一定规模的软件产业园。杭州市正在积极认定特色软件（电子商务）园，首批认定的特色软件（电子商务）园为杭州中部软件园、下城星火电子商务园、杭州东方电子商务园、杭州北部软件园、杭州西部软件园、杭州数字娱乐软件园、颐高软件园、百脑汇软件园、昌地软件园、高新动画软件园、杭州东部软件园、浙大网新软件园、银江软件园、腾飞软件园、杭州南部软件园、杭州音视频产业软件园、仓前创新软件园。杭州国家软件产业基地是杭州市最重要的信息与软件业集聚区，该基地是被原国家发展计划委员会和信息产业部正式批准的11个国家级软件基地之一，基地由7个分园区构成，分别是：杭州高新软件园、浙大网新软件园、北部软件园、新加坡杭州科技园、东部软件园、西湖数源软件园和天堂软件园。截至2014年末，列入全市信息与软件业集聚区的有东方电子商务园、浙大网新软件园、杭

州数字娱乐产业园、北部软件园、东部软件园、新加坡科技园，共6家现代服务业集聚区；列入全市科技服务业集聚区的有杭州未来科技城、杭州市下城区电子商务产业园、杭州云计算产业园、西溪谷科技集聚区、东忠科技园、杭州湾信息港、浙江省科研机构创新基地，共7家现代服务业集聚区。

三、金融服务业集聚区建设迅速发展

截至2014年底，庆春路延安路金融服务集聚区已集聚了100多家各类金融机构，业务总量占杭州市的50%以上，并拥有广利大厦、浙商银行、兴业银行大楼、中财大厦等专业性金融楼宇，集聚区品牌效应初步显现；钱江新城金融区处于建设阶段，其定位为具有国际水平的总部型金融机构集聚区。同时，延安路金融服务带、黄龙金融服务区、玉皇山南金融服务区、余杭金融创新园、滨江创投服务中心等集聚区被列为全市“十二五”金融服务业重大扶持项目。

四、物流业集聚区发展水平全国领先

物流业是融合运输业、仓储业、货代业和信息业等的复合型服务产业，是国民经济的重要组成部分。随着市场经济的发展，物流业已由过去的末端行业，上升为引导生产、促进消费的先导行业。现代物流业是以现代运输业为重点，以信息技术为支撑，以现代制造业和商业为基础，集系统化、信息化、仓储现代化为一体的综合性产业，包括运输、包装、储存、配送、装卸、加工、信息处理七大功能要素。杭州主要的现代物流业集聚区有12个：杭州农副产品物流中心、浙江新农都现代农产品物流中心、浙江金恒德国际汽车零部件采购中心、下沙物流园区、石桥商贸物流中心、浙江钢市服务中心、萧山机场空港物流园区、萧山钱江商贸物流中心、浙江萧然钢铁物流中心、浙江传化物流基地、杭州烟草物流配送中心、杭州富阳口岸国际物流中心。现代物流业集聚区布局特点为“二轴”区域。一轴为高架线，即上塘路高架北段及延伸段—石祥路高架—石桥路高架—德胜东路高架的沿线区域。沿线有杭州农副产品中心、金恒德、浙江钢市、石桥物流、下沙物流等现代物流业集聚区。另一轴为沪杭—杭甬高速杭州段沿线区域。浙江传化物流基地拥有 480 余家来自省内外的专业运输、仓储、零担、货代等物流企业入驻，日整合车辆达 2000—3000 辆，日承运货物量达 3—5 万吨，开创了“公路港物流”模式，弥补了中国公路物流运营效应短板，成为中国物流行业最具价值性的创新；杭州农副产品物流中心占地 4.029 平方千米，已初步形成批发中转、分拨配送、集中采购、跨区域贸易四大主导业务和农副产品现代化流通管理，建成后货运流量将达 480 万吨，年交易额将突破 200 亿元。浙江传化物流基地和杭州农副产品物流中心被列入首批浙江省现代服务业集聚示范区名单。杭州市典型的服务业集聚区详见表 5–3。

表 5-3 杭州市典型服务业集聚区

集聚区名称	主要建设园（街）区
文化创意产业集聚区	· 西湖创意谷 · 之江文化创意园 · 西湖数字娱乐产业园 · 运河天地文化创意产业园 · 杭州创新创业新天地 · 创意良渚基地 · 西溪创意产业园 · 湘湖文化创意产业园 · 白马湖生态创意城
信息与软件业集聚区	· 杭州高新软件园 · 浙大网新软件园 · 北部软件园 · 西湖数源软件园 · 天堂软件园
金融服务业集聚区	· 钱江新城 · 庆春路延安路金融集聚区
现代物流业集聚区	· 杭州农副产品物流中心 · 下沙物流园区和下沙口岸保税物流中心 · 萧山空港物流园区 · 浙江传化物流基地

第三节　服务业和集聚区存在的问题

虽然杭州市服务业和集聚区建设得到快速发展，取得了巨大进步，但在产业发展过程中还存在不少问题，具体体现在以下几个方面：

一、服务业综合素质和整体竞争力与先进城市相比仍有差距

与北京、上海、广州、深圳等国内服务业发展先进城市相比，杭州服务业综合竞争力与它们的差距更多体现在结构素质方面。高端服务业、知识密集型的生产性服务业尚未形成规模，对制造业、农业等产业的渗透带动能力及在产品、业态、制度等方面的创新能力不强，国际化水平和高端人才支撑不足，缺乏具有全国影响力的服务行业和拥有市场支配力、话语权的龙头企业及强势品牌，集聚高端要素、支撑产业转型、辐射带动周边仍处于初级阶段，实现“服务经济”目标依然任重道远。

二、服务业城乡区域发展不够协调，布局有待完善

服务业布局相对分散，与网络化大都市、交通枢纽、城市综合体等建设的协调性有待提高，服务业用地困难，空间制约明显，五县（市）的服务业空间规划还不够合理。现有形成规模的服务业集聚区主要集中在市区特别是主城区，城乡之间、东西部之间服务业发展水平差距较大，农村服务业发展相对滞后。五县（市）服务业增加值占生产总值比重平均水平远低于市区，服务业区县联动、城乡互动的发展格局尚未形成。

三、产业链尚未形成，有集聚无集群

一部分集聚区还处于发展的初级阶段，区内产业之间缺乏应有的关联，产业链条短且细，分工协作不明，企业之间缺乏内在的有机联系，难以发挥合作

协同效应，造成“集而不聚”现象。另外，部分集聚区因盲目投资，导致区内资源不匹配而经营困难；还有主导产业的规模小、层次低，导致集聚效应辐射小；有的集聚区内部企业分工协作不紧密，与外部企业竞争程度低，不利于集聚区的发展与升级。

四、特色产业不突出、创新能力较弱

部分集聚区主导产业不够突出，特色不够明显，区内产业结构有趋同现象，差异化、品牌化较低，集聚区之间缺少错位发展和异质性，这既会导致相互竞争，使得生产者服务业分散化，也会导致集聚区缺少长远发展的特色和优势。很多区内大企业并没有形成以龙头产业为主的产业群，龙头型、基地型项目不多，区内小企业尽管数量众多，但也没有起到协作配套的作用，与主导企业没有形成相关联的产业链条，主导企业的“溢出效应”难以发挥，带动作用不明显。部分集聚区在支持企业技术、业态和商业模式创新的载体和平台、创新服务体系建设、运营体制机制创新、集聚高端人才等领域做得不够，整体创新能力和辐射影响带动不够。服务业集聚区与城市功能的融合发展层次低，与区域内的三次产业协调联动发展不够。

五、配套设施有待完善，扶持力度有待加强

市、区、街道合力推进集聚区建设的体制机制还没有完全理顺，目标管理、工作考核、统筹协调等日常推进机制还需完善，与相关功能区块的协同发展态势还没有真正形成。认定管理办法有待完善，八大类服务业集聚区的认定标准还不够完善，“一类一标”与实际有一定脱节，培育类集聚区的认定管理办法还不明确。部分集聚区管理主体不明确，管理主体职能、责任不清晰，机构设置、人员配备没有完全到位。尚缺乏针对服务业集聚区的专项扶持政策，在融资、招商等政策上支持不足，对集聚区内重点企业的政策扶持不够。公共服务平台建设不足，普遍缺乏统筹规划，与各个集聚区整体布局及其内部企业关联不紧密，现有平台信息容量小、内容层次低，对集聚区及其企业缺乏有力支撑。基础设施配套滞后，部分集聚区的道路、供水、供电、供气、通讯、休

闲等设施建设滞后，公共绿地、公共停车场、公交站点、公共自行车点等公共设施还有待进一步改善，学校、医院、住宅、邮政、仓储、物流等公共服务设施建设跟不上集聚区及其内部企业的需求。

六、政策制约依然存在，体制机制障碍有待突破

服务业政策性垄断使得民间资本进入面临障碍，市场化进程有待继续推进，行业之间“条块分割、各自为政”的现象仍然存在，政策障碍主要集中在土地、融资、人才、市场、管理等方面。土地政策方面，土地成本较高，把服务业用地都归为商业用地，面对高昂的商业地价，许多企业难以承受，特别对物流、研发等具有一定公共平台性质的生产性服务业而言，有失公平，从而导致服务业用地难以满足需求。融资政策方面，贷款难度大，上市融资难，服务业企业特别是现代服务业企业能够用于抵押贷款的有形固定资产较少，难以符合银行主要针对有形不动产进行抵押贷款的授信条件，同时大部分服务业企业的营业收入规模、现金流量水平无法满足企业上市制定的标准要求。人才政策方面，现有住房保障体系无法覆盖众多“夹心层”人员，高昂房价影响服务业人才的流失；个人所得税赋税偏高，在一定程度上影响了企业对国际化高端人才的吸引力；人才评价机制不健全，以学历、职称和研究成果为标准的评价方式，难以适应服务业人才发展需要。市场环境方面，部分服务业领域存在事实上的行业垄断和区域垄断，公共机构和国有企业缺少服务外包的有效激励，不利于培育服务业市场需求，部分行业主管部门“重审批、轻监管”，主要通过设置行业门槛来指导行业竞争和发展，容易导致无序竞争，产生“劣币驱逐良币”的现象。管理体制方面，服务业综合管理相对薄弱，涉及多个部门，综合管理难度较大，随着产业融合发展趋势的不断涌现，较难界定其行业归属，导致“管理缺位”和“多头管理”并存；行业协会在标准制定、资质认定、规范管理、教育培训等方面作用发挥不足；传统的以实物投资量为依据的财政扶持方式较难适应以知识投入为主的服务业发展需要。

第四节　服务业集聚区运行管理案例

案例一：杭州市山南国际创意产业园

一、园区基本情况

2007 年，杭州市委、市政府做出打造全国文化创意产业中心的重大决策。玉皇山南地区历史文化内涵深厚、生态环境优美，具备发展文化创意产业的先天条件，以仓储、简单粗加工及低端商贸为主，也亟须转型升级。2008 年 10 月，杭州山南国际创意产业园正式成立。园区位于杭州市上城区，北依西湖，南临钱塘江，东靠杭州新 CBD 钱江新城，西望群山，总占地面积约 133.4 万平方米，规划 10 个组团，可用于办公的建筑面积约 25 万平方米。园区建设以“三改一拆”为抓手，通过对区内旧厂房、旧仓库、城中村等老旧物业进行改造，拆除违法建筑，结合自然景观，打造形态丰富的高端服务业办公空间。截至 2012 年底，园区建设总投资 16.42 亿元，共建成投入使用物业面积 4 万平方米，2013 年将新增物业面积约 5 万平方米。园区累计实现营业收入约 60 亿元，实现税收 3.4 亿元。园区的发展快速推动玉皇山南地区经济结构进一步优化，以文化创意为主的现代服务业已取代原有低附加值的仓储、粗加工及低端商贸业，成为地区支柱产业。

近年来，园区紧紧围绕“一主多副”的产业规划（即以文化创意产业为主，金融创投等其他高端产业为副），大力引进具备行业领军能力或者有助于产业链形成完善的企业。截至 2012 年底，园区累计入驻各类企业 95 家，其中文化创意企业 53 家，金融创投企业 40 家，除少量配套服务企业外，90% 以上是文创金融类高端服务业企业，其中包括中央电视台浙江记者站、新华社新媒体基地、浙报集团传媒梦工场、思美传媒、浙江南方建筑设计有限公司、浙江赛伯乐投资管理有限公司、清科集团等众多文创、金融行业领军企业，基本形成了以文化创意为主，金融创投为副的高端服务业为主导的现代产业格局。2009 年起，园区先后被省发展和改革委员会列入“三十一个集聚发展文化创意产业园区”；被省政府评为省现代服务业集聚示范区，入选浙江省文化产业发展“122”工程，被评为省首批重点文化创意产业园区；还荣获“中国最佳创意产业园区奖”等多项大奖，被评为“城市综合体规划设计优秀蓝本”“中国特色文化产业园区”等。

二、基本经验与启示

根据打造“最美丽园区”的总体要求和推进“三改一拆”、培育产业集聚区的总体部署，立足山南区域独特的资源基础和区位条件，充分挖掘一流生态、厚重文化两大优势，统筹实施环境生态化、产业高端化、服务全面化三大工程，整合探索“业态、形态、生态、文态”四态互动，使山南水北成为上城的历史人文复兴之“星”、金融创意发展之“芯”，努力打造生态环境美、文化底蕴深、产业发展兴、经济效益佳的“最美丽服务业园区”的典范。

（1）加强规划引导。受限于上城区发展空间小、传统产业比重大的区情，编制了《杭州市玉皇山南综合整治修建性详细规划》《山南国际文化创意产业集聚区建设发展规划》和《玉皇山南国际金融园规划研究》，为园区发展明确了空间规划，也明确了开发利用及有效保护之间的关系，确保园区内散落的文化遗存得到全面的保护修缮，也为今后几年园区又好又快发展提供科学指导。

（2）加强政策支持。为着力构造服务业发展政策环境，在贯彻省、市有关服务业扶持政策的基础上，山南创意园针对园区服务业企业发展，专门出台《山南创意产业园推动文化创意企业发展若干政策规定》《山南创意产业园推动金融企业发展若干政策规定》等相关配套扶持政策，并针对重点企业拟定一企一策贴身政策，对园区服务业企业做到政策全覆盖，扶持力度实现新的跨越，如设立园区企业创新成果奖励政策、企业融资奖励政策（含上市）、企业税收奖励政策、优秀人才奖励政策等。

（3）积极开展选商。企业项目是发展服务业的重要抓手，山南国际创意产业园坚持宁缺毋滥，高标准选商，借助行业主管部门、协会等行业资源，并采用倚商招商、上门招商等多种方式，积极引进省内外高品质服务业企业。一是积极引进资本密集型企业，如风投公司、基金公司等，带动其投资或控股的高成长型企业入驻，达到筑巢引凤的效果。二是大力引进文创类上游企业，带动中下游企业入驻，形成产业链，使整个园区走上良性循环的发展道路，呈现出无限生命力与竞争力。近年来，园区先后引进了新华社新媒体基地、浙报集团传媒梦工场、央视浙江记者站等大型文化创意项目，引进欧联（杭州）节能建筑技术研究有限公司等 2 家国际设计机构，项目引进工作取得显著成就，极大提升园区影响力，带动服务业集聚区加快发展。

（4）强化平台建设。加强园区公共服务平台建设，在完成餐饮、咖啡吧、书吧等生活服务配套的基础上，搭建完成金融服务平台、创新创业平台、技术服务平台等数个生产公共服务平台配套，优化服务业发展空间，并联合发改、文创、金融等相关政府管理部门，积极搭建政策性公共服务平台，构建政策性公共服务、生产性公共服务、生活性公共服务三位一体的公共服务平台体系。

（5）优化公共服务。园区创立了政府与社会化服务有机融合的企业服务模式。在企业入驻初期，园区提供注册登记等代办服务、有关政策咨询服务，并邀请工商、税务等行业职能部门开展咨询服务，与普华永道、浙大律师事务所等专业机构合作，入园为企业开展业务培训服务。对于企业在业务培训、行业合作等方面的需要，引入专业社会机构、行业协会等社会化服务满足其需求。同时，利用园区优越的金融资本资源，通过园区搭建中介服务平台，鼓励区内投资企业参与园区文化创意企业的发展，缓解文化创意企业发展中的资金瓶颈。

（6）做好工作联动。积极配合省市部门，及时报送交流相关经验材料。定期邀请服务业相关管理部门来园区视察指导，听取指导意见。积极赴定位鲜明、优质运营的兄弟园区参观学习，积极参加省服务业工作现场交流会等相关活动，虚心学习先进发展经验。

案例二：浙江湘湖旅游度假区

一、基本情况

浙江湘湖旅游度假区地处杭州萧山城区西部，距离萧山新区中心直线距离约 2.5 千米，距钱江世纪城约 9 千米，距萧山机场约 15.5 千米。总面积约 35 平方千米，位于湘湖新城 53.5 平方千米城市建设范围内，占该区域总规划面积的 67%，是占有土地面积最大的功能区域，是未来湘湖新城的核心区域。湘湖一期、二期分别于 2006 年 4 月和 2011 年 9 月建成开放，湘湖三期保护与开发的规划范围已初步确定。度假区建成面积已达 18 平方千米，其中，湘湖景区一期 4.64 平方千米，二期 5.95 平方千米，共计 10.59 平方千米，恢复湖面 3.2 平方千米；杭州乐园景区 2.5 平方千米，东方文化园 3.2 平方千米，风情园（皇冠酒店）景区 2 平方千米。

截至 2012 年底，湘湖景区共接待游客 2600 万人次，获得国内外专家、游客的广泛好评，2008 年被评定为中国百强旅游景区。2012 年全省旅游度假区考核优等。度假区在发挥巨大的经济效益、社会效益的同时，也有很好的生态效益。可以说，湘湖是能让市民和游客在闲暇时间充分享受的“有氧空间”。湘湖在净化空气、调节气候、保持水源及维护生物多样性等方面有着多种重要作用。

二、基本经验与启示

近年来，浙江湘湖旅游度假区围绕休闲度假、文化生态两条主线，发挥“自然山水、历史人文、游乐观光”等资源优势，以湘湖景区、杭州乐园、极地海洋公园、东方文化园四大旅游综合体和杭州乐园、世外桃源皇冠假日酒店、吴越千古情、烂苹果乐园等主题特色产品为载体，全面提升以“名湖观光、历史体验、休闲度假、节庆游乐”为核心的旅游度假区服务功能，逐步将度假区建设成为国家级旅游度假区、长三角一流的休闲度假目的地和杭州经济都市圈休闲旅游副中心之一。

（1）注重完善机制，营造良好环境。2012 年 5 月 13 日，萧山区委、区政府做出湘湖旅游度假区和闻堰镇管理体制调整的决定，实施两块牌子一套班子的管理模式，湘湖的发展空间进一步拓宽，发展的前景将更加广阔。7 月 16 日，湘湖新城举行了授牌挂牌仪式，区有关职能部门公安、城管、土地、税收等派驻机构管理范围也已相应调整。工作从建湖为主转到了湖城同步，围绕“一湖一城新格局，依湖沿江建新城”的湘湖新城新格局，打造以旅游为主，集休闲、度假、商贸、研发、文创、人居于一体的国际化休闲新城。

（2）注重集聚区规划，科学指导建设。根据萧山区政协对湘湖新城、湘湖三期的规划调研，按照“整合资源，做强功能”的思路，管委会开展湘湖保护与开发各项规划编制：一是完成湘湖新城区域规划、湘湖旅游度假区总体规划、湘湖三期控制性详细规划编制，确定湘湖新城分区范围 53.2 平方千米、浙江湘湖旅游度假区总体规划面积 35 平方千米、湘湖三期规划范围 6.6 平方千米，其中湖面面积 2.8 平方千米；二是编制、提升、完善湘湖旅游度假区产业发展规划及度假区提升规划，对休闲度假产业发展、配套支撑性设施及服务、品牌形象与经营管理水平等开展规划研究；三是编制罗家坞地块概念方案和眉山岛休闲街项目概念方案。

（3）注重功能整合，促进产业集聚。依托优越的投资环境和丰富的资源环境加大招商力度，完善功能布局，招引国内外一流的品牌企业参与相互休闲度假、文化提升产业的开发，打造文创品牌集聚地。湘湖国际创意岛落户湘湖新城，吸引了众多文创企业对湘湖板块的关注，4 万平方米创意园已有项目预约的达 3 万平方米，2012 年全年完成外资自营出口 22920 万美元，完成年度目标的 121.3%；实到市外内资 37000 万元，完成年度目标 100%；实现合同外资 6719.5 万美元，完成年度目标的 108.38%。东方养生园、青少年体验教育品牌“酷贝拉”等项目正在加快推进。

（4）扩大招商引资，打造新城现代产业体系。一是充分利用湘湖旅游度假区的良好环境，依托正在规划建设的湘湖新城，大力招引有实力、有影响力的外商落户湘湖，开拓外资新空间。以休闲度假招商为突破，开辟招商新空间。积极运用和创新各种招商方式，获取有效项目信息，并加强对重点项目、重点客商的跟踪，以优质服务为载体，促进外资尽早到位。二是提升现有旅游资源，继续提升优化杭州乐园、吴越千古情、烂苹果乐园、水世界等品牌项目。扩建极地海洋公园，新建极地鲸豚馆、海兽馆，投资 1 亿元，建筑面积 6000 平方米。三是完善景区住宿接待体系，筹建水漾湖酒店、海洋公园配套宾馆等设施，用地规模 28 万平方米，建设规模 13 万平方米。

（5）加强廉政勤政，提升公共服务能力。打造项目廉洁防控体系。完善规章制度和监督执行体系，进一步理顺湘湖投资发展公司运作，加强政府投资项目决策、项目招投标、工程联系单、工程项目部等流程的监管，吸取教训反思不足。清醒认识当前国际国内发展形势与区域竞争的激烈现状，着力将湘湖新城和湘湖度假区建设成廉洁、高效、优质、安全的样板区。

第六章

杭州市服务业集聚区发展思路

第一节 推进现代服务业集聚区发展的意义

现代服务业集聚区是以某一服务产业为主体，相关服务产业相配套，产业特色鲜明，空间相对集中，具有资源集合、产业集群、服务集成功能，现代服务业集聚度达到一定水平的区域。现代服务业集聚区是服务业发展的重要载体。

服务业发展到一定阶段后，基于成本、规模等因素驱动，将产生在地理空间上集聚发展的内在要求。由于现代服务业集聚区具有经营成本、专业化、创新、信息、市场营销、品牌、政府服务和管理等优势，它在行业内具有很强的资源整合能力，在区域内具有很强的辐射带动功能。因此，推动现代服务业集聚区建设，是杭州市落实“服务业优先”战略，促进服务经济成为“首位经济”，打造浙江省服务业中心城市和长三角现代服务业中心、增强城市服务功能的重要抓手。

杭州市现代服务业已呈现集聚发展的态势，形成了若干产业特色鲜明、规模水平较高、具有较大影响的服务业集聚区，但由于整体上集聚区建设刚刚起步，部分集聚区建设存在多头管理、规划不统一、产业链不完整，土地人才要素匮乏、基础设施不配套、产业平台不完善等问题。需要从全市层面对集聚区建设进行整体规划、统筹协调，推动集聚区健康、科学发展，使其成为杭州市发展现代服务业的重要载体和推动产业结构转型升级的重要基地。

第二节　杭州市服务业集聚区建设总体设想

一、总体要求

以科学发展观为指导，围绕打造“长三角南翼现代服务业中心”目标，遵循服务业产业空间布局规律，坚持立足实际、突出特色、集约节约、三力合一原则，通过政府引导、市场配置、机制创新、资源整合、政策扶持，着力培育一批产业特色鲜明、竞争优势突出的服务业集聚区，成为提升现代服务业发展水平的重要载体和推动全市产业转型升级的重要基地。

二、推进思路

认真落实党的十八大和十八届二中、三中、四中、五中全会精神，深入贯彻习近平总书记系列重要讲话精神，牢固树立创新、协调、绿色、开放、共享的发展理念，围绕实施“服务业优先”战略和推进经济转型升级的总体要求，依据市域总体规划和遵循服务业产业空间布局规律，以市场配置为导向，以机制创新为动力，以资源整合为手段，着力培育发展一批产业特色鲜明、竞争优势突出的服务业集聚区，促进服务业企业空间的有效集聚与区域的合理布局，努力将其建设成为全市产业转型升级、现代服务业集聚发展、承接国内国际服务业转移的强力支撑平台，辐射带动全市服务业加快发展。

——**体现城市发展定位**。围绕杭州市建设“一基地、四中心”的战略定位和“品质生活之城”的总体目标，大力推进服务经济、总部经济、文创经济、开放型经济发展，规划建设一批现代服务业集聚区。

——**体现本土优势资源**。充分挖掘和发挥杭州市人文、旅游两大资源优势，优先发展旅游休闲、文化创意等具有比较优势的服务业，大力发展信息与软件业、电子商务、金融等具有市场潜力的服务业及集聚区域。

——**体现产业能级提升**。以服务业重大项目为载体，特别要加快推进产业带动性强、技术服务水平领先、附加价值高的功能性项目建设，力争形成相对优势，提升集聚区综合竞争力。

——**体现空间布局导向**。按照“中心提升、新区集聚，拥江布局、一体发展”的空间导向，统筹服务业集聚区整体布局，结合打造“一区、两廊、两带、两港、两特色”重大平台，全面提升现代服务业集聚区的服务能级和综合承载力，塑造全市现代服务业集聚区新版图。

——**体现政府引导扶持**。在充分发挥市场配置资源决定性作用的基础上，强化政府服务职能，完善服务业集聚区组织管理、要素保障、招商选资、自主创新、开放运营五大推进机制，为现代服务业进区企业提供良好服务，促进企业集聚，推进服务业集聚区建设。

三、建设原则

——**统筹规划、有序推进**。把服务业集聚区纳入城市发展的总体规划，加强与土地利用总体规划、服务业发展规划的衔接协调。强化与城市功能区、工业开发区、产业集群、城市综合体、楼宇等区块的互动发展，明确集聚区的发展目标和功能定位，按项目、分区块有序推进集聚区建设，形成整体效应。

——**发挥优势，突出重点**。立足杭州市产业特色和资源优势，明确服务业集聚区的重点类型和产业定位，围绕重点产业、重点区域、重点项目开展服务业集聚区的建设。走特色之路，错位发展，力争形成相对优势，促进不同服务业集聚区优势互补、错位发展。

——**盘活存量、集约节约**。结合老城改造、工业企业“退二进三”、开发区提升能级和新区开发，充分利用旧厂房、旧民居等存量土地建设现代服务业集聚区，鼓励对有一定基础的服务业区块进行整合提升，加强基础设施共享，防止重复建设和无序竞争，努力实现高集聚、高产出、高效益发展。

——**政府引导、市场运作**。强化政府服务，发挥好政府在规划布局、政策引导、服务平台等方面的积极作用，营造良好发展环境。充分发挥市场配置资源的基础性作用，调动企业市场主体的积极性，以企业为主体，有效利用各类社会资源，实现政府、社会、企业多力合一，共同推进现代服务业集聚区建设。

——**与市、区、县（市）联动，高效管理**。设立专门管理机构，对服务业集聚区实施动态管理和提供一站式服务，建立市、区、县、（市）服务业集聚区定期检查和动态考评制度；制定扶持政策，明确市扶持政策和区、县（市）的配套措施，以项目为依托，共同推动服务业集聚区发展。

四、建设目标

利用区位优势、产业优势、资源优势和政策优势，加快构建和基本形成定位科学、特色鲜明、功能完善、空间布局合理的集聚区发展格局，努力将杭州建设成浙江省和长三角现代服务业集聚区建设的示范基地。

——**总量保持领先**。集聚区产值不断增加，力争集聚区年度投资规模、营业收入、服务业增加值年均增幅高于全市服务业平均水平，服务业增加值占全市服务业比重有明显提高。

——**质量持续提升**。到“十二五”末，列入省重点建设的服务业集聚区16个，列入市重点建设的服务业集聚区27个，集聚区建设和经营质量不断提升；到2020年，各类服务业集聚区做精、做优、做强，形成“定位科学、特色鲜明、布局合理、功能完善”的服务业集聚区发展格局，成为杭州市提升城市发展品质和综合承载功能、带动服务业发展、加快构建服务经济为主产业结构的重要载体。

——**集聚特色鲜明**。着力形成以生产服务业为核心，以文化创意基地、文化旅游休闲区、软件与服务外包基地、金融总部基地、科技创业园、现代商贸基地、现代物流园区等为主体，多类型、分区块的服务业集聚格局。努力将杭州建设成全国最优秀的商贸、休闲、设计、电子商务等现代服务业集聚基地和长三角、浙江省现代服务业集聚区建设的示范基地。

——**体制机制完善**。形成健全的组织管理、资源保障、自主创新、招商选资、开放运营五大集聚区推进机制和各类主体公平发展的市场环境；政府职能转变顺利推进，民营企业、市场中介机构成为推进服务业集聚区发展的重要组成部分。

五、集聚导向

——**“转型”促动**。充分利用现有农居、工业用地、工业区、工业旧厂房，规划建设文化创意、综合体、会展、农居 SOHO 等服务业集聚区新兴业态，促进城市的有机更新；加快延伸制造业的产业链条，发展微笑曲线前端和末端的产业环节，包括研发、设计、营销等附加值和技术含量高的产业，促进集聚区产业转型；鼓励集聚区企业进行技术创新和管理创新，鼓励政府管理部门进行体制机制创新，促进集聚区发展微观主体功能转型。

——**“总部”带动**。通过政府规划推动、行业商会的大力推介和总部企业的示范带动，进一步优化商务及投资环境，营造杭州作为长三角总部企业集聚中心的良好形象。大力吸引跨国公司和国内外知名大企业集团来杭设立服务业领域的旗舰总部、地区总部、研发中心、采购中心、营销中心、信息中心等高能级部门，促进各类总部在地理空间上的集聚。提高总部机构业务与本地产业的融合度，建立健全有杭州特色、与国际接轨的服务业集聚区体系，强化都市综合服务功能，增强总部经济的植根性。

——**“创新”驱动**。以杭州“创新型城市”建设为目标，着力推进服务业集聚区建设领域的自主创新，完善产学研相结合的现代服务业创新体系，以先进技术、理念、制度发展集聚区。充分利用杭州智力、文化、高效资源优势，加快发展高技术、文化创意、电子商务等人才技术密集型的服务业集聚区，不断提升集聚区企业自主创新能力，不断完善集聚区知识产权保护体系，不断吸引创新型人才集聚，打造全市服务业发展核心竞争力。

——**“赛会”推动**。以举办“国际峰会”“国际赛事”及“西湖博览会”为契机，积极推进杭州服务业发展国际化进程，使杭州服务业走出国门，走向世界。结合杭州市的资源优势和产业优势，面向国际招商，发展跨国交流与合作；进一步完善城市功能，加快建设现代化基础设施，优化城市空间布局，规划建设好各类服务业集聚区；注重对当地人文的关怀，促进科技知识、创新思维、策划观念、设计思路、营销理念、品牌形象的传播，使西湖博览会成为服务业人才集聚的高地，科技创新和知识创新的平台，合作交流和投资贸易的载体，产生广泛的影响力。

第三节　杭州市服务业集聚区重点发展方向

一、集聚区建设形态

结合省现代服务业集聚区指导意见和杭州市服务业发展特点，重点创建以下八类现代服务业集聚示范区，科学引导其合理布局。

（一）总部基地（CBD）

总部基地（CBD）是各类企业总部及商务服务机构集聚区域的总称，一般布局在区位和交通通信条件良好，商务服务、生活服务设施完善的区域。重点吸引跨国公司和国内大企业、大集团总部或地区性总部及研发、营销、采购等各类机构入驻，也可根据需要和条件，规划建设金融服务等专门化的集聚区。

（二）创意产业园

创意产业园是以创意为主的工作室或服务性公司集中的特色区域，包括影视制作、艺术设计、工业设计、建筑设计、广告策划、动漫游戏等多种类型。一般布局在专业人才集中、具有历史文化特色资源及生态环境良好的区域。

（三）软件与服务外包基地

软件与服务外包基地是软件企业和相关服务机构集聚的区域，围绕软件开发、生产和售后服务等业务，承接国际软件服务外包，包括嵌入式软件、行业软件、网络与电子商务等。一般布局在软件产业基础较好、技术支撑体系完善、通信网络设施和配套设施齐备的区域。

（四）大旅游产业集聚区

大旅游产业集聚区是以文化自然景观为载体、以商业休闲为特色、以商务会展设施为配套，形成的集购物、旅游、娱乐、休闲、餐饮、商务等多种功能于一体的区域。大旅游产业集聚区重点布局在主要旅游风景资源密集、商业休闲设施完善的区域。

（五）物流园区

物流园区是多家物流企业及物流相关机构集聚的场所，提供仓储、运输等传统物流服务的同时，具有信息服务、简易加工、货运代理、城乡配送、仓单质押、保税物流、商检通关等现代物流功能。

（六）金融服务业集聚区

金融服务业集聚区以发展银行、证券期货、信托、基金投资、保险、地方产权交易、金融租赁、担保等各类金融企业总部及商务服务机构和总部金融及零售金融为主，配套金融中介各类专业服务业的集聚区域。

（七）科技服务集聚区

科技服务集聚区是以技术公共服务平台为依托，具有技术检测与推广、产品研发与试验、成果产业化、企业孵化等企业服务功能，众多科研机构和科技型企业集聚的区域。

（八）商贸服务业集聚区

商贸服务业集聚区主要以产品批发和零售、餐饮等商业企业为主体，重点分布在中心城区商业集中区、产品分销地、中心城市的主要商业街区、城市近郊区，或者布局在经济发达、人口稠密的经济强镇。商贸综合体、商业特色街区、新型专业市场是其主要形式，其中，新型专业市场是以传统专业市场为基础，通过信息化改造提升和现代化设施建设，形成有形市场与无形市场结合，具有商品展示、物流配送和中介服务综合功能的专业市场。

二、集聚区建设重点

以“产业优势、规模经济、结构完整、配套完善、功能齐全、环境匹配、合理布局”为标准，加快推动重点扶持类、培育引导类、未来规划类服务业集聚区建设。

（一）重点扶持类

将已形成相当规模、需提升层次的集聚区列入重点扶持类集聚区。重点扶持山南国际设计创意产业园、复兴国际商务广场、南宋御街中北创意街区、武林路时尚女装街、三里亭1737建筑设计聚落、赛博创业工场、东方电子商务园、万象城、北部软件园、凤凰·创意国际、浙大网新软件园、白马湖生态创意城、东部软件园、传化物流基地、湘湖旅游度假区、中纺城商贸综合体、杭州农副产品物流中心、新安江旅游休闲集聚区、新加坡科技园、南宋御街·清河坊历史街区、胜利河（大兜路）美食特色街区、杭州数字娱乐产业园、余杭山沟沟乡村旅游综合体、富文乡青田旅游休闲集聚区25个服务业集聚区。

（二）培育引导类

将已完成规划、着手建设或已经建成、需规划引导提升档次的集聚区列入培育引导类。重点培育引导浙江海外高层次人才创新园、湖滨南山路综合体、西溪创意产业园、杭州市下城区电子商务产业园、钱江世纪城总部经济集聚区、四季青服装交易中心、云石生态旅游度假区、空港物流园区、萧山国际机场物流中心、寿昌镇温泉度假中心、杭州子胥生态休闲产业园区、浙江省科研机构创新基地、湍口镇乡村风情温泉小镇、西溪谷科技集聚区、东忠科技园、华联·金恒德国际汽车文化博览园、西溪艺术集合村、良渚文化旅游休闲区、桐庐现代物流中心、建德市大慈岩镇旅游综合中心、玉长城商贸集聚区、临安鸡血石文化街、杭州和达创意设计园等服务业集聚区。

（三）未来规划类

将具备产业优势条件、未进行建设、有可能成为集聚区的园区列入未来规划类加以规划引导。重点以高端化、特色化产业为方向，规划发展以信息、文化创意、旅游休闲、金融服务、健康、时尚等“1+6”产业集群为主的服务业集聚区。重点规划杭州高科技企业孵化园区、富阳智慧服务业集聚区、逸龙文化创意产业园、杭州市移动互联服务业集聚区、“运通网城”商贸服务集聚区、西湖科技经济园等服务业集聚区。

第四节　杭州市服务业集聚区推进举措

一、完善组织管理机制

（一）加强组织和管理

强化市发展服务业领导小组的组织指导和协调作用，研究和统筹解决集聚区建设中的重大问题。市发展和改革委员会（市现代服务业办公室）负责对全市现代服务业集聚区的建设发展进行日常协调管理，会同有关部门落实对集聚区的鼓励政策，帮助解决集聚区发展中面临的实际困难和问题。各地可从实际出发，专门成立集聚区管理机构（管委会），负责具体管理工作，制定并组织实施集聚区总体规划和发展计划，开展招商引资和宣传工作。在符合总体规划和产业发展导向的前提下，鼓励有条件的集聚区探索以企业为主体，对集聚区开发建设实行市场化运作。各级政府和集聚区管理机构应加强对区内企业实行“一站式”全程服务，努力完善服务环境。

（二）做好认定评定工作

以现代服务业集聚区为抓手，鼓励企业、产业、人才、资金、信息资源向现代服务业集聚区集聚，引导和推动现代服务业集聚区迅速发展。出台服务业集聚区认定管理办法，对接省级现代服务业集聚示范区，加强和规范集聚区的认定管理，明确具体认定标准，经申报、受理、认定后，可评为杭州市现代服务业集聚区，提升服务业集聚区的能级和水平。

（三）加强监测和考核

建立服务业集聚区统计直报制度，建立现代服务业集聚区数据库。将现代服务业集聚区名录、建设和发展情况、投资效益情况、入区企业情况、引进人才情况等作为重要内容，进行动态跟踪和监测。对现代服务业集聚区实行动态管理，加强年度考核，将集聚区的建设和发展纳入对各级发改部门的年度考核内容，对集聚区建设和发展工作成绩突出的单位和个人给予表彰和鼓励。坚持硬件设施建设与软件政策环境营造并重、政府引导与企业运作并重、重点集聚与辐射拓展并重，重点考核集聚区的组织管理、设施服务、产业集聚及经济效益、创新荣誉和招商引资等情况。

二、完善自主创新机制

（一）鼓励自主创新

加快推动与各类孵化器、加速器、创业园等平台建设相结合，支持服务企业参与杭州市科技型初创企业培育工程，努力培育技术水平领先、竞争能力强、成长性好的科技型服务企业。鼓励集聚区内企业通过科技合作等方式引进高层次创新人才和关键核心技术，开展成果引进和转化工作，推动优质科技资源向产业集聚区集聚。加大支持企业自主创新力度，建设一批服务业小企业创业基地、孵化器等，为科技型、创新型小微企业提供生产经营场地。鼓励和支持高校教师与科研院所专家创业发展新兴服务业。鼓励完善企业自主创新的管理机制，包括科研开发的投入、自主创新的分配和激励、专利发明的实施和奖励、职工培训制度等。

（二）加强平台建设

加强现代服务业集聚示范区公共服务平台建设，根据不同形态集聚区需求，鼓励建设服务于集聚区内部的公共服务示范平台，引导和支持社会化、市场化的新型创业服务组织发展，增强政策咨询、创业创新、知识产权、投资融资、管理诊断、检验检测、人才培训、市场开拓、财务指导、信息化服务等各类服务功能。对行业协会、高校、科研院所等主体参与共建的服务平台，市和区、县（市）财政给予一定补助。鼓励专利、会计、律师等中介服务机构与集聚区结对服务，加强园区内的专利申请、法律事务、财务咨询等相关服务工作。对发展初期的公共服务平台，可适当减免其租金费用；对公益性较强的公共服务平台可登记为事业单位或非营利组织；对投资大、风险高、专业性强的平台，可采用贷款贴息、项目补贴等方式，鼓励多家企业共同投资建设；对登记为企业的服务平台，可给予房产税、土地使用税、水利建设基金、教育附加税等税收减免优惠。

三、完善要素保障机制

（一）强化人才支撑

充分发挥高新区、海创园、大型跨国企业、院士工作站和博士后科研工作站等平台对高层次人才的吸纳作用，组织参与国家、省“千人计划”，引进一批重点行业、重点领域紧缺的高端复合型人才。加大政府投入，鼓励高等院校、职业学院、社会培训机构与现代服务业集聚示范区合作开办各种类型的人才实训基地、公共实训基地和大学生实习基地，对参加实训的大学生及实训基地可享受相关政策。加强岗位技能培训，全面推进职业资格证书制度和职业培训市场化。鼓励支持职业院校面向电子商务、信息软件、文化创意、物流服务、旅游休闲及其他新兴服务产业发展需要，办好特色专业。进一步拓展人才公共服务的内容和项目，满足各类人才多样化的服务需求，增强服务的针对性和有效性，在住房、户籍、子女入学等方面为人才提供便利。加强人才信息统计工作，构建人才信息平台和人才数据库。

（二）强化用地保障

继续实施服务业用地保障政策，将实施城镇规划和旧城改造中收购储备的存量土地，优先用于发展文化创意、旅游休闲、金融服务、信息服务、现代物流、科技服务等现代服务业。加大对服务业项目用地的保障力度，优先保证服务业重点类、培育类集聚区内项目及省市重大服务业项目的用地需求。对已列入用地计划、完成前期手续的服务业项目，要切实做好新增建设用地的报批服务工作。对用地指标确有困难的服务业重大项目，经市政府同意，应优先给予保障和倾斜。对经济转型升级具有重要带动作用，但自身盈利水平不高的研发、设计、仓储物流等生产性服务业项目，实行与工业项目用地同等的供地方式。

四、完善开放运营机制

（一）优化投资环境

进一步减少各类审批事项，简化服务企业注册登记程序，放宽和降低服务企业注册登记门槛。鼓励发展服务业联合会和专业性行业协会等社会中介组织，在行业自律、品牌创建、标准制定、执业资格、教育培训等方面发挥更大作用。充分发挥网络、电视、报纸、杂志等各种新闻媒体综合宣传的功效，大力宣传现代服务业龙头企业、重点现代服务业集聚区和服务业创新发展的典型案例，营造杭州市现代服务业加快发展的良好氛围。

（二）健全对外招商体系

抓住国际服务业资本加快转移和服务业外包加快发展的有利时机，推进集聚区招商。编制现代服务业集聚示范区招商引资导向目录，明确示范区招商重点领域、准入条件和支持政策。积极开展集聚区整体招商、产业链招商、以商引商，加强集聚区整体策划包装，积极推进开展专场推介、网络宣传等多种形式的招商活动。

（三）加大改革开放力度

进一步解放思想，打破行业垄断，降低准入门槛，营造适应现代服务业发展的新体制环境，把现代服务业集聚区作为创新服务业发展体制机制的试验区。通过自身拓展、购并重组、联合经营等方式，引进优质资源，拓宽服务领域，形成具有一定品牌效应的服务机构。结合服务业试点城市创建，凡涉及服务业的试点政策可先行在集聚区内实施。

五、完善政策扶持机制

（一）加强政策宣传和落实

加大对国家、省、市各级政府服务业政策的宣讲力度，帮助集聚区内企业熟悉服务业和集聚区相关政策，协助企业努力争取国家有关部门和省市进一步支持杭州市服务业发展的各项优惠政策。认真落实市委、市政府《关于实施“服务业优先”发展战略，进一步加快现代服务业发展的若干意见》《杭州市人民政府关于进一步加快发展服务业的实施意见》等政策。

（二）健全政策扶持体系

建立杭州市现代服务业引导资金逐年增长机制，加大政策整合力度。进一步完善服务业各类专项资金的使用办法，着力扩大对新型业态和新兴服务业发展的支持力度。进一步研究综合运用财税、金融、土地、人才、价格等经济政策，对现实基础好、发展潜力大的现代服务行业及现代服务业集聚区予以重点支持。对服务业集聚区进行认定考核奖励，加大对各类优秀集聚区建设和发展的奖励资金支持。选择现代服务业中的重点领域，研究进一步促进其发展的优惠政策。

第五节　杭州市服务业集聚区运行管理

一、加强杭州市服务业集聚区认定管理

为引导和支持现代服务业集聚区健康快速发展，发挥集聚区的产业引领和带头作用，应加强和规范集聚区的认定管理，对接省级现代服务业集聚示范区，提升服务业集聚区的能级和水平。

（一）认定条件

根据省级现代服务业集聚示范区的认定精神，结合杭州市服务业和集聚区

发展实际，明确杭州市服务业集聚主要认定条件为（详见表6–1）：

（1）具有鲜明的发展特色和产业发展前景。已经集聚了一定数量的同类或相关现代服务业企业，集聚区的产值、交易额等经济效益指标居于同行业领先地位，有较大的品牌影响力和较好的市场前景，符合转型、创新的产业发展导向。

（2）具有合理规范的管理机构和运营机制。有较强组织管理和协调能力的专门机构，内部机构设置合理，体制机制完善，能够有效组织开展集聚区的建设、管理和招商。

（3）具备综合服务能力。有功能完善的公共服务支撑体系，能够为集聚区内企业提供商务、融资、信息、咨询、市场、交流、国际合作等综合公共服务。

（4）具备发展空间。集聚区具有明确的地理位置或较为清晰的地理边界，具备可供发展的物理空间，产权关系明晰，基础设施能满足相关产业的发展要求。

（5）具有完整的集聚区建设发展规划。功能定位合理，发展思路清晰，建设目标明确。

（6）具有扶持集聚区发展的政策措施。集聚区所在地政府应出台相关吸引外部经济体及人才入驻、扶持产业发展、培育企业成长和鼓励人员创业创新的政策措施。

（二）认定程序

（1）申请。集聚区每年申报认定一次。符合上述认定条件的服务业集聚区可提出集聚区认定申请。申报时应提交书面申请，并编制相应的认定申请报告，并报送集聚区建设发展规划、入驻企业目录及企业营业（或销售）收入、税收等与认定条件有关的情况及其他需要出具的材料。

（2）初审及审定。由集聚区所在区、县（市）服务业综合管理部门受理后，根据相关认定条件和标准，提出初审意见，报送杭州市服务业主管部门。杭州市服务业主管部门委托中介机构对申请报告开展评估，形成评估报告。根据初审意见和评估报告，由杭州市服务业主管部门对评估合格的集聚区进行复审，形成集聚区认定推荐名单，征求各重点领域主管部门意见后，上报杭州市发展现代服务业领导小组审定。有明确规划、尚在建设中的集聚区具备发展潜力的，可列入培育类集聚区名单，土地、建筑面积等条件参照认定标准相关要求。

（3）公示。经市发展现代服务业领导小组审定后，集聚区名单由杭州市服务业主管部门通过“中国杭州”政府门户网站、杭州日报（杭州电视台）对外公示。

（4）授牌。经公示无异议的集聚区，由市人民政府向集聚区颁发认定证书、予以授牌。

（三）管理

（1）杭州市服务业主管部门统筹指导和协调全市集聚区的建设和发展，各有关区、县（市）按照属地管理的原则加强对集聚区建设的管理。各集聚区建立统计直报制度，每月 10 号前提交上月度集聚区发展情况。

（2）经认定的集聚区适用《杭州市人民政府办公厅关于进一步加快发展服务业的实施意见》中的有关优惠政策。对入驻的符合产业定位的服务业企业，可以申请享受相关扶持政策。

（3）集聚区实行动态管理。杭州市服务业主管部门根据本办法和考核办法（另行制定），对集聚区的建设、管理和运营状况进行定期考核。已认定的集聚区每年考核一次，考评不合格的集聚区，第一年给予黄牌警告，连续两年不合格取消其集聚区资格，不再享受集聚区的各项优惠政策和资金扶持。

（4）杭州市服务业主管部门可以根据国家、省、市对服务业发展的要求和变化情况，对集聚区的认定条件和标准进行相应调整并予以公布，如表 6-1 所示。

表 6-1　杭州市服务业集聚区认定条件

类别	评价指标	分值	评价标准
产业发展	产业前景与发展趋势	25	主要产业均属市服务业十大重点发展领域，集聚区营业总收入年均增长速度 15% 以上
	主导产业明确		主导产业门类企业数量占集聚区全部企业数量比重达到 70% 以上
	产业链完整		相关配套产业体系完整

续 表

类别	评价指标	分值	评价标准
规模经济	企业集聚	25	不同类型园区的入驻企业数量和规模企业数量符合要求（详见表注）
	已开发土地面积		
	建筑面积		
	经济效益		
区位布局	符合规划	10	符合土地利用规划和城市规划
	地理界限		有明确的地理位置或较为清晰的地理边界
硬件配套	交通条件	15	道路通达情况良好，有公交配套
	其他基础设施配套		水电气、通信设施齐备
	其他商务服务设施配套		开展经营活动必需的商业、商务、休闲设施配套完善（现代物流业集聚区可适当降低要求）
服务支撑	管理机构	25	有明确的管理机构，固定的专职管理人员不少于3人
	公共服务平台建设		公共技术研发、信息发布、交易展示、融资服务、人才培训等企业需要且经常利用的公共平台至少建成一个

注：不同类型园区的入驻企业数量和规模企业数量要求

——现代物流业集聚区。规划土地开发100万平方米以上，建筑面积20万平方米以上；入驻物流企业50家以上，其中年营业收入超过1000万元的不少于10家，或入驻6家以上且总营业收入超过10亿元。

——金融服务业集聚区。规划土地开发10万平方米以上，建筑面积35万平方米以上；入驻各类省级以上金融机构及其总部20家以上。

——科技服务业集聚区。规划土地开发5万平方米以上，建筑面积10万平方米以上；入驻科技型企业20家以上，或入驻科技型企业5家以上且总销售（营业）收入超过5亿元；研发投入占总销售（营业）收入的比重达到8%以上。

——文化创意产业集聚区。规划土地开发5万平方米以上，建筑面积10万平方米以上；入驻创意工作室或服务性公司20家以上，拥有一定数量的自主知识产权，原创产品占有一定的市场份额。

——信息与软件业集聚区。规划土地开发10万平方米以上，建筑面积15万平方米以上；入驻软件或信息服务企业20家以上，其中年销售收入超过1000万元的企业不少于8

家，或入驻软件或信息服务企业 5 家以上且总销售收入超过 5 亿元；拥有自主知识产权的软件收入在所有收入中占有相当比例。

——大旅游产业集聚区。规划土地开发 100 万平方米以上，市区要求建筑面积在 8 万平方米以上；县城和中心镇要求建筑面积在 3 万平方米以上；入驻购物、旅游、娱乐、休闲、餐饮等各类企业 30 家以上。

——商贸服务业集聚区。规划土地开发 15 万平方米以上，建筑面积 30 万平方米以上；其中商贸综合体、特色街区入驻商贸零售批发类 200 家以上，年营业收入 10 亿元以上，其中新型专业市场年市场交易额超过 100 亿元，且居全省同类市场前列。

——中介服务业集聚区。建筑面积 5 万平方米以上，入驻会计、法律、咨询、信息等中介服务企业和机构 50 家以上，年营业收入 6 亿元以上。

二、完善杭州市服务业集聚区考核管理

为深入落实"服务业优先"战略，加快推动杭州市服务业集聚区发展，充分发挥各集聚区的产业引领和带头作用，应对经认定的服务业集聚区进行考核。

（一）考核对象

根据杭州市服务业集聚区认定条件和标准，已被认定的现代服务业集聚区及其管理机构。

（二）考核内容

杭州市服务业集聚区考核应坚持硬件设施建设与软件政策环境营造并重、坚持政府引导与企业运作并重、坚持重点集聚与辐射拓展并重，具体考核内容包括组织管理、设施服务、产业集聚及经济效益、创新荣誉和招商引资等五大项 21 个小项指标（详见表 6-2）。考核以百分制综合考评为主，70 分为及格分，主要采取查阅资料、统计核实、实地调研、问卷调查和现场考评等方式进行。

表 6-2　杭州市服务业集聚区考核评分表

大项	小项	分值	评分标准	分值	小计
组织管理（20 分）	管理机构	4	具有专职管理机构，配备足够的专职管理人员		
	建设计划	4	对集聚区具有合理的建设计划		
	规章制度	4	具有健全的规章管理制度		
	统计信息	4	能及时准确上报统计报表和工作信息		
	政策措施	4	出台切实有效的扶持政策措施		
设施服务（10 分）	硬件条件	3	具有良好的规划、用地、建设和交通等硬件支撑条件		
	信息服务	2	能为区内企业提供及时有效的政策和行业信息		
	技术服务	2	提供必要的技术服务平台，如检测、培训和交流等		
	企业服务	3	具有规范便捷的服务窗口，实行“一站式”服务，企业满意度高		
产业集聚及经济效益（45 分）	辖区数量集聚	7	园区内该类企业数量占辖区该类企业数量比例比上年提高每 2 个百分点得 1 分，最高得 7 分		
	辖区收入集聚	7	园区内该类企业营业收入占辖区该类企业营业收入比例比上年提高每 2 个百分点得 1 分，最高得 7 分		
	园区数量集聚	7	该类企业占集聚区总企业数的比例 60%得 4 分。每超过 1 个百分点加 0.2 分，最高加至 7 分；每低 1 个百分点减 0.2 分，最多扣至 0 分		
	园区收入集聚	7	该类企业主营收入占集聚区所有企业营业收入的比例 60%得 4 分。每超过 1 个百分点加 0.2 分，最高加至 7 分；每低 1 个百分点减 0.2 分，最多扣至 0 分		
	营收增长	7	集聚区营业收入与上年相比，增长 20%得 4 分。每超过 1 个百分点加 0.2 分，最高加至 7 分；每低 1 个百分点减 0.2 分		
	税收增长	10	集聚区地方税收与上年相比，增长 15%得 6 分。每超过 1 个百分点加 0.2 分，最高加至 10 分；每低 1 个百分点减 0.2 分		

续 表

大项	小项	分值	评分标准	分值	小计
创新荣誉（10分）	技术创新	3	拥有1项自主知识产权得1分，每增加1项得0.5分，最高得3分		
	服务创新	3	创新服务模式，得到国家有关部门认可得3分，省级部门认可得2分，市级部门认可得1分		
	荣誉	4	获得国家级荣誉得4分，获得省级荣誉得2.5分，获得市级荣誉得1分		
招商引资（15分）	实际利用外资	5	与上年相比每提高5个百分点得1分，最高得5分		
	实际利用内资	5	与上年相比每提高5个百分点得1分，最高得5分		
	引进项目	5	与上年相比每提高每10个百分点得1分，最高得5分		
合计		100			

（三）考核程序

由杭州市发展现代服务业领导小组办公室负责考核的组织、牵头工作，实行一年一评。各服务业集聚区管理单位根据考核标准准备详细的证明和说明材料，涉及统计、税务、财政、规划、国土、建设和环保等部门的，证明材料由该部门盖章确认。各服务业集聚区上报材料经区、县（市）发展现代服务业工作领导小组办公室审核后交杭州市发展现代服务业领导小组办公室。杭州市发展现代服务业领导小组办公室通过组织专家打分或委托中介服务机构进行评估。评分结果在征求各方意见的基础上，提交杭州市发展现代服务业领导小组审定，考核结果由市政府予以通报。

（四）考核要求及奖惩

各服务业集聚区的管理机构必须按照考核要求，认真做好考核的各项基础性工作，特别是对统计数据的审核，确保上报数据的及时性、真实性和可靠性，审核单位要严格把关。对弄虚作假和审核不严的单位，经查实，将取消考核名次并通报批评，三年内不得参加考评，审核单位承担相应责任。对考核合格的集聚区，可享受杭州市服务业发展的有关优惠政策。对入驻集聚区且符合产业定位的企业，可以申请享受集聚区相关扶持政策。考评不合格的集聚区，第一年进行通报，连续两年不合格取消其市级现代服务业集聚区资格，不再享受各项优惠政策和资金扶持。

第七章

杭州市服务业集聚区评估指标体系

第一节　建立评估指标体系的基本要求

服务业集聚区的认定评估，是与认定、管理、考核等工作紧密结合的。认定评估指标体系的建立是加强服务业集聚区管理、提升认定环节工作质量、引导集聚区建设的一个重要技术支撑，同时也是促进服务业集聚发展、创新发展的一项重要工作。

一、与认定标准相衔接

认定评估指标体系是通过一系列更为具体的指标来反映认定标准中的评估指标，是对认定相关标准的细化。在构建评估指标体系时应十分注意与认定标准的对接，避免造成标准的混乱。

二、与分类管理相对应

除服务业集聚区的认定标准中有关扶持主要重点类集聚区的相关指标外，对于有明确规划、尚在建设中且具备发展潜力的集聚区，可作为培育类集聚区。因此，在设计认定评估指标体系时，应有反映集聚区“发展潜力”的相关指标，以便在确定该集聚区无法推荐为重点类集聚区后，可以依据反映集聚区“发展潜力”的指标做出是否应推荐为培育类集聚区的判断。

三、与统计口径相一致

充分考虑数据的可获得性和指标量化的难易程度，尽量做到与统计部门统计指标相衔接，充分体现指标的客观性与权威性。建立的评估指标体系还要适用于不同类型集聚区的评估，充分考虑不同集聚区之间的差异，从横向上保证指标口径一致。

四、与集聚特征相吻合

对集聚区的认定从本质上来说是对集聚区综合竞争力的整体评价，测度该集聚区是否具有作为现代服务业重点类集聚区的特质及衡量该集聚区的发展潜力。因此，认定评估指标体系的设计应能突出集聚区的发展特点，将包括集聚区本身和周边因素组成的复杂系统分解为认定评估指标体系中的若干指标，最终对集聚区的综合竞争力做出评价。

第二节　评估指标体系的构成

根据基本要求，评估指标体系重点从发展潜力、集聚效应、硬件环境、软件环境 4 个方面选择了 24 个指标，组成杭州市现代服务业集聚区的认定评估指标体系（见表 7–1）。评估指标体系中各个指标的权重分值，是在尽可能符合杭州市现代服务业集聚区认定条件（见表 6–1）中的权重分值基础上，征求专家意见确定的。

表 7-1　杭州市现代服务业集聚区认定评估指标体系

一级指标		二级指标	
名称	权重分值	名称	权重分值
发展潜力	24	与产业发展重点的契合度	4
		与当地发展特色的关联度	4
		主导产业增加值占区、县（市）服务业增加值的比例	6
发展潜力	24	主导产业景气度	3
		集聚区可拓展空间	3
		集聚区品牌影响力	4
		主导产业企业入驻情况	8
		主导产业企业数量占集聚区企业总数比例	6
集聚效应	26	集聚区总营业收入增长率	4
		在同类集聚区中的地位	5
		配套产业体系完整度	3
		符合规划情况	6
		集聚区规模	6
硬件环境	22	地理界限	2
		交通条件	3
		其他基础设施	2
		商务配套设施	3
		管理机构	5
		管理规章制度	2
		综合服务体系	6
软件环境	28	产业发展导向	2
		地方政府扶持政策	6
		集聚区优惠政策	3
		建设发展规划	4
合计	100		100

一、发展潜力

集聚区发展潜力是地方经济发展的重要影响因素。基于对集聚区在未来地方经济发展中发挥更大作用的期望，对集聚区发展潜力的测度指标主要包括以下几个方面。

（1）与产业发展重点的契合度。经过对产业基础和行业前景的分析，杭州提出在当前阶段的产业发展重点是大力扶持发展十大产业，而其中有金融服务、文化创意、旅游休闲、信息软件、电子商务五大产业属于现代服务业范畴。以这五大重点发展的服务业为主导产业的集聚区在进行发展潜力评估时理应得到更多的得分。

（2）与当地发展特色的关联度。各区、县（市）资源条件、区位条件、产业特色各不相同，采取措施引导各区、县（市）经济的错位发展、特色发展是一种较为理想的发展状态。在认定评估集聚区时需要考察该集聚区的发展是否有利于突出当地的产业发展特色或资源条件。

（3）主导产业增加值占所在区、县（市）服务业增加值比重。产业集聚的形成和发展离不开产业转移，一个地区如果产业基础较好，相对比较容易形成相关产业的集聚，进而发挥产业集聚的外部规模效应。一般情况下，通过对主导产业增加值占所在区、县（市）服务业增加值比重的测算，能从一个侧面反映出以该产业为主导产业的集聚区的发展潜力。

（4）主导产业景气度。所在区、县（市）集聚区主导产业较高的景气度能为集聚区的发展创造良好的产业环境。以主导产业近几年营业总收入的平均增长速度为指标判断该产业的景气程度。

（5）集聚区可拓展空间。建设用地供应不足经常成为制约项目落地、经济发展的重要因素。对集聚区来说，足够规模的可供开发土地或可供使用的建筑物在一定程度上体现了集聚区的发展潜力。

（6）集聚区品牌影响力。集聚区或者集聚区内龙头企业的良好品牌影响力会给集聚区的发展带来很强的正面效果。

二、集聚效应

申报认定的集聚区应该是已经有一定的能级和水平，能够在一定区域范围内发挥示范带动作用的集聚区。对集聚区入驻企业数量、营业收入等发展数据的测度，是对集聚区现有集聚水平的检验及对集聚区未来发展趋势判断的基础。

（1）主导产业企业入驻情况。申报认定重点类集聚区其入驻企业的数量和规模企业的数量都要符合要求。不同类型集聚区对入驻企业数量和规模企业数量的要求有较大的不同。《杭州市现代服务业重点集聚区认定管理暂行办法》对不同类型集聚区的入驻企业数量提出了要求（见表 7-2），这是构建认定评估指标体系中的一个重要指标。

表 7-2　不同类型集聚区对入驻企业数量和规模企业数量要求

集聚区类型	企业数量
现代物流业	入驻物流企业 50 家以上，其中年营业收入超过 1000 万元的企业不少于 10 家，或入驻物流企业 6 家以上且总营业收入超过 10 亿元
金融服务业	入驻各类省级以上金融机构及其总部 20 家以上
科技服务业	入驻科技型企业 20 家以上，或入驻科技型企业 5 家以上且总销售（营业）收入超过 5 亿元；研发投入占总销售（营业）收入的比重达到 8% 以上
文化创意产业	入驻创意工作室或服务性公司 20 家以上，拥有一定数量的自主知识产权，原创产品占有一定的市场份额
信息与软件业	入驻软件或信息服务企业 20 家以上，其中年销售收入超过 1000 万元的企业不少于 8 家，或入驻 5 家以上软件或信息服务企业且总销售收入超过 5 亿元；拥有自主知识产权的软件收入在所有收入中占有相当比例
大旅游产业	入驻购物、旅游、娱乐、休闲、餐饮等各类企业 30 家以上
商贸服务业	商贸综合体、特色街区入驻商贸零售批发类企业 200 家以上，年收入 10 亿元以上，其中新型专业市场年市场交易额超过 100 亿元，居全省同类市场前列
中介服务业	入驻会计、法律、咨询、信息等中介服务业企业和机构 50 家以上，年营业收入 6 亿元以上

（2）主导产业企业数量占集聚区企业总数比例。同一产业企业的集聚是产业集聚区的重要特征。作为主导产业集聚区内从事该产业的企业在数量上应该也是占主导的，认定标准确定主导产业门类企业数量占集聚区全部企业数量的比例应该达到 70% 以上。

（3）集聚区营业总收入增长率。该指标是《杭州市现代服务业重点集聚区认定管理暂行办法》中确定的，认定管理办法要求集聚区营业总收入年均增长速度应该达到 15% 以上。

（4）在同类集聚区中的地位。申报认定的集聚区一般都是当地政府准备或者已经是重点扶持建设，在该产业的发展中发挥示范带动作用的。因此，该集聚区应当在所在区、县（市）或者在杭州市、浙江省的同类集聚区中有一定地位。

（5）配套产业体系完整度。针对集聚区主导产业的完善的配套产业体系，能够使产业链上的企业产生协同效应，有效提高主导产业的运作效能，提升主导产业企业和集聚区的竞争力。

三、硬件环境

集聚区的顺利发展离不开硬件环境的支撑。硬件环境越是完善的地方越容易吸引产业集聚。一个符合土地利用总体规划和城市发展规划的集聚区除了道路、水电、通信、燃气等基础设施外，还应有良好的宾馆、酒店、金融、中介服务等商务配套设施。

（1）符合规划情况。设立的集聚区应符合区域经济发展规划、城市发展总体规划和土地利用总体规划。

（2）集聚区规模。不同产业受土地规模、建筑规模的制约程度会有所不同，即不同类型产业集聚区的经济集聚规模是不一样的。《杭州市现代服务业重点集聚区认定管理暂行办法》对不同类型集聚区的规划开发土地和建筑规模提出了明确要求（见表 7–3），这是在认定过程中需要严格遵守的。

表 7-3　不同类型集聚区对规划开发土地和建筑规模的要求

集聚区类型	规划开发土地面积	建筑面积
现代物流业	100 万平方米以上	20 万平方米以上
金融服务业	10 万平方米以上	35 万平方米以上
科技服务业	5 万平方米以上	10 万平方米以上
文化创意产业	5 万平方米以上	10 万平方米以上
信息与软件业	10 万平方米以上	15 万平方米以上
大旅游产业	100 万平方米以上	市区 8 万平方米以上， 县城和中心镇 3 万平方米以上
商贸服务业	15 万平方米以上	30 万平方米以上
中介服务业		5 万平方米以上

（3）地理界限。明确的地理范围是对集聚区开展有效管理的基础，也从另一侧面反映了集聚区管理部门对集聚区前期规划建设工作的细致程度。在认定评估时，边界非常清晰的集聚区理应得到更为优先的推荐次序。

（4）交通条件。公路、铁路、水路、地铁等交通设施的可通达性，以及一定距离范围内的公交、地铁站点的设置状况等交通条件都是影响集聚区产业发展环境的重要因素。

（5）其他基础设施。集聚区内给排水、供电、通信、燃气等基础设施的规划和建设状况。

（6）商务配套设施。集聚区内或者集聚区周边宾馆、酒店、金融、中介服务等商务配套设施的配套情况。

四、软件环境

软件环境是指硬件环境之外的管理、制度、服务、政策等因素的总和。良好的软件环境对于集聚区发展有着巨大的推动作用，能够有效促进企业向集聚区集聚和集聚区产业的提升。

（1）管理机构。现代服务业集聚区大部分是在地方政府的主导下推进的，往往涉及大量的征地拆迁、基础设施建设、旧城改造等难点问题，集聚区应有正式的管理机构和专职管理人员。企业自主建设与管理的现代服务业集聚区其能否成功更是与管理机构的能力水平密切相关。

（2）管理规章制度。集聚区要有健全的各项管理规章制度，能有效开展建设管理、招商引资、考核评价等各项工作。

（3）综合服务体系。反映为集聚区企业提供生产、技术、资金、信息、营销、供应、科研、人才培训、行政及法律咨询、管理咨询等配套服务的完善程度，是集聚区重要的外部特征。集聚区至少要有一个公共技术研发、信息发布、交易展示、融资服务、人才培训等方面的公共服务平台。

（4）产业发展导向。制定产业发展导向是政府部门引导产业发展的重要手段。集聚区的主导产业应当符合区域产业导向目录和空间布局指引。

（5）地方政府扶持政策。各级政府对集聚区建设或集聚区主导产业的发展制定了扶持、优惠政策。

（6）集聚区优惠政策。集聚区自身制定的促进集聚区内企业、集聚区项目推进的相关优惠政策。

（7）建设发展规划。集聚区应有建设发展规划，对集聚区的未来发展有较为合理的功能定位、清晰的产业导向、明确的近期建设发展目标与任务。

第三节　指标评分标准与评估流程

根据集聚区递交的认定申报材料、所在区、县（市）的公开信息，从发展潜力、集聚效应、硬件环境、软件环境 4 个方面的 24 个认定评估指标对集聚区进行评分。一般情况下，根据综合得分的高低提出推荐重点类集聚区名单；对“集聚效应”得分不高，但是“发展潜力”“硬件环境”“软件环境”三项得分较高的集聚区可推荐为培育类集聚区。

“关键指标”是指标体系中的前提性指标，作为评估的必要条件。在认定评估过程中，当出现“关键指标”不能得分时，可终止评估。

一、关键指标

评估指标体系中“主导产业增加值占区、县（市）服务业增加值的比例”“主导产业企业数量占集聚区企业总数比例”“集聚区总营业收入增长率”“集聚区规模”等 7 个定量指标，得分计算以对该指标权重、评分标准的定性分析为基础。

评估指标体系中“与产业发展重点的契合度”“品牌影响力”“符合规划情况”等 17 个定性指标，可分为两类。一类是简单判断就可以评分的指标，如地理界限、交通条件、产业导向等；一类是进行量化评分的指标，如在同类集聚区中的地位、配套产业体系完整度等。

评估指标体系中的“集聚区规模”“符合规划情况”“管理机构”“综合服务体系”“建设发展规划”作为关键指标。上述指标不满足认定标准，不能认定评估为重点类或培育类集聚区，如规模过小的集聚区，没有管理机构的集聚区，不符合城市规划或土地利用总体规划的集聚区，等。

二、指标评分标准

评估指标体系中各指标的评分标准如表 7-4 所示。

表 7-4　各项指标评分标准

序号	二级指标		评分标准	
	名称	权重分值	标准说明	得分
1	与产业发展重点的契合度	4	属于市重点发展十大产业	4
			属于市服务业重点发展领域	3
			属于所在区、县（市）重点发展领域	2
2	与当地发展特色的关联度	4	完全符合当地产业发展特色、资源条件等	4
			基本符合当地产业发展特色、资源条件等	2
3	主导产业增加值占区、县（市）服务业增加值的比例	6	在全市的县、市、区中排前两名	6
			在全市的县、市、区中排名前五	4
			在全市的县、市、区中排名前八	2

续 表

序号	二级指标		评分标准	
	名称	权重分值	标准说明	得分
4	主导产业景气度	3	近两年营业总收入年均增长超过 20%	3
			近两年营业总收入年均增长超过 10%，低于 20%	2
			近两年营业总收入年均增长低于 10%，但大于 0%	1
5	集聚区可拓展空间	3	集聚区未开发土地或未投入使用建筑超过 80%	3
			集聚区未开发土地或未投入使用建筑超过 50%	2
			集聚区未开发土地或未投入使用建筑超过 20%	1
6	集聚区品牌影响力	4	已被认定为国家级基地、示范区、拓展区、创新区等	4
			已被认定为省级基地、示范区、创新区等	2
			已被认定为区、县（市）级现代服务业集聚区	2
			已引进国际知名的行业龙头企业	2—4
7	主导产业企业入驻情况	8	明显好于表 7-2 要求	8
			完全符合表 7-2 要求	6
			基本符合表 7-2 要求	4
			部分满足表 7-2 要求	2
8	主导产业企业数量占集聚区企业总数比例	6	70% 以上	6
			50% 以上，70% 以下	4
			30% 以上，50% 以下	2
			20% 以上，30% 以下	1
9	集聚区总营业收入增长率	4	近两年年均增长 50% 以上	4
			近两年年均增长 30% 以上，50% 以下	3
			近两年年均增长 15% 以上，30% 以下	2
			近两年年均增长 0% 以上，15% 以下	1

续 表

序号	二级指标		评分标准	
	名称	权重分值	标准说明	得分
10	在同类集聚区中的地位	5	全国一流	5
			全市领先	3
			在所在区、县（市）领先	2
11	配套产业体系完整度	3	产业体系配套比较完善	3
			产业体系配套一般	2
12	符合规划情况	6	符合土地利用规划和城市规划，也完全符合区域经济发展规划	6
			符合土地利用规划和城市规划，基本符合区域经济发展规划	4
			符合土地利用规划和城市规划	3
			不符合土地利用规划和城市规划*	
13	集聚区规模	6	明显超出表 7-3 要求	6
			基本符合表 7-3 要求	3
			完全不符合表 7-3 要求*	
14	地理界限	2	有明确的集聚区地理范围	2
			有大致的地理范围	1
15	交通条件	3	道路交通通达情况良好，且有公交、地铁设施配套	3
			道路交通通达情况良好，且有公交设施配套	2
			道路交通通达情况良好	1
16	其他基础设施	2	配套完善	2
			配套基本满足要求	1
17	商务配套设施	3	配套很完善	3
			配套基本满足要求	2
			配套不足	1

续 表

序号	二级指标		评分标准	
	名称	权重分值	标准说明	得分
18	管理机构	5	有常设管理机构，足够专职管理人员，且运行良好	5
			有常设管理机构，3 人以上专职管理人员	4
			有常设管理机构，专职管理人员不足 3 人	3
			没有常设管理机构*	
19	管理规章制度	2	有健全管理规章制度	2
			管理规章制度不够健全	1
20	综合服务体系	6	服务体系完整和服务质量较高	6
			有 1 个以上的公共服务平台和多个综合服务项目	4
			有 1 个以上的公共服务平台	2
			没有公共服务平台*	
21	产业发展导向	2	属于鼓励类产业，且在指引空间范围内	2
			属于鼓励类产业	1
22	地方政府扶持政策	6	有针对该集聚区的专项扶持政策	6
			有针对服务业集聚区的扶持政策	4
			有针对集聚区主导产业的扶持政策	3
			有多项一般性扶持政策	2
23	集聚区优惠政策	3	优惠政策多，力度大	3
			有优惠政策，力度较小	1
24	建设发展规划	4	规划编制水平较高	4
			规划编制水平一般	2
			没有建设发展规划*	
	合计	100		

注：对关键指标评分时发生“*”情况的可终止评估工作。

三、综合评估标准

集聚区评估综合得分，分列优秀、良好、合格、不合格 4 个标准（见表 7–5），若出现关键指标得分为 0 的为不合格。经评估为优秀、良好、合格的集聚区按照得分高低列入重点类集聚区推荐名单。集聚效应一般（“合格”或“不合格”），但发展潜力得到“优秀”评价，硬件环境、软件环境“合格”以上的，可列入培育类集聚区推荐名单。

表 7-5　综合评估标准

	评估结果			
	优秀	良好	合格	不合格
发展潜力	≥ 20	< 20，≥ 18	< 18，≥ 14	< 14
集聚效应	≥ 22	< 22，≥ 20	< 20，≥ 16	< 16
硬件环境	≥ 19	< 19，≥ 17	< 17，≥ 13	< 13
软件环境	≥ 24	< 24，≥ 21	< 21，≥ 17	< 17
综合得分	≥ 85	< 85，≥ 75	< 75，≥ 60	< 60

四、评估流程

申报认定集聚区的评估流程如图 7–1 所示。

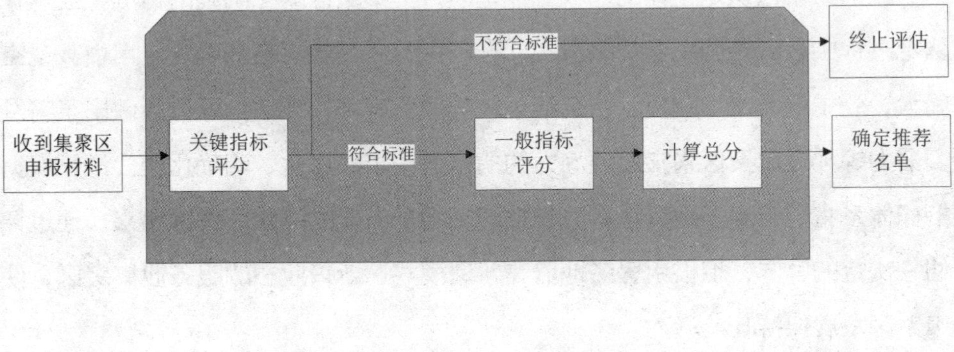

图 7–1　申报认定集聚区的评估流程

第四节　实施评估指标体系的对策建议

一、申报阶段

（一）严格把关确保申报材料真实完整

根据现有集聚区认定办法，各申报单位需提交申请报告及各类证明材料。由于评估指标体系所需输入的数据、评估资料主要来源于各集聚区的申请报告，因此申报材料的真实性、完整性、准确性直接影响评估结果。目前，杭州市一些集聚区申请报告资料不全、内容拼凑、夸大事实、编制质量较低的情况较为常见，不仅加大了评估认定时的工作难度，而且严重影响了认定的公平性。为确保评估指标体系的有效实施和评估结果的客观性，必须严格要求申请报告按照认定办法的要求完整真实地编制，不符合要求的返回重新申报，关键内容缺少的视为不符合标准直接剔除。同时，应更加重视实地勘察，通过现场勘察充分掌握实际情况和第一手资料，逐步做到初评为重点类集聚区必须实地调研，培育类集聚区抽查调研。通过申请报告、辅助证明材料和实地调研相互印证，确保评估所用数据和基础资料的真实准确，切实防止个别申报单位申报材料弄虚作假，确保申报材料与实际情况相符。

（二）更加注重对需要培育的潜力型集聚区的挖掘

当前集聚区认定工作的一大难点是培育类集聚区缺乏明确的标准，通常在认定过程中大致参照重点类略放宽标准门槛，择其优者斟酌确定，自由裁量空间大，受主观因素影响多，认定结果较难做到客观。评估指标体系做出了将发展潜力等涉及集聚区未来发展潜力的指标进一步数量化、明确化的尝试，根据指标体系将更有利于把真正有成长空间和增长潜能的集聚区发掘出来。通过评估一认定的导向，积极引导各地培养新型模式、新兴业态的服务业集聚区，使集聚区发展保持旺盛活力。

二、评估阶段

（一）重视发挥专家组作用

评估指标体系既有客观评价指标如增加值、企业数量、营业收入增长率等，也设置了一些主观评价指标，如集聚区与当地发展特色的关联度、集聚区在同类集聚区中的地位、配套产业体系完整度等。为保证专家主观打分的可靠性，在专家的选择上注意来源的广泛与精专结合，既吸收服务业等产业研究领域和城市、区域发展研究领域的资深专家学者，同时也吸收专业部门的实际工作者。在打分方法上，可以借鉴德尔菲法，通过多轮反馈使意见趋同，减少个别专家评分波动的影响。认定评估结果通过主客观指标的加权合成，既充分借助专家的专业学识和宏观判断能力，又兼顾客观水平展示，不过分依赖这种主观判断，从而有效地做到主客观结合。

（二）扩大评估结果对最终认定的影响力

评估指标体系最终是为认定工作服务，作为认定程序中的一个重要环节，评估结果将成为拟定推荐名单的基本依据。为提高评估结果对认定工作的影响力，可以在评估环节，让负责认定工作的人员提前介入评估过程，与实施评估的中介机构共同参与专家讨论打分和实地调研，增强对评估方式与结果的认同。同时，明确没有通过评估的申报单位不得认定为市级集聚区，评估得分较低的集聚区（如 80 分以下）不得认定为重点类集聚区。评估得分高的集聚区，获得市级集聚区称号后优先推荐申报省级集聚示范区。

三、管理阶段

评估指标体系在管理阶段主要是通过评估认定工作发挥其标准体系在集聚区建设、发展和监督考核乃至政策扶持中的导向作用，从而有利于最终形成“评估—认定—扶持—考核—反馈—调整（扶持对象或扶持方式）—再评估”的良性循环。

（一）作为年度集聚区考核奖惩依据

根据杭州市集聚区有关认定管理办法，要对认定的集聚区进行年度考评，并对考核优秀和不合格的进行相应奖惩。认定评估指标体系中对体现集聚区建设成效的指标选取和权重赋予可以为完善集聚区考核体系提供一定的参考依据，发挥对集聚区的督促激励作用。

（二）发挥对地方政府推动集聚区建设的导向作用

随着各级政府对发展现代服务业工作的日益重视，服务业发展绩效成为一级政府工作目标和干部政绩考核的重要内容。省、市两级服务业集聚区的认定评选的开展，势必促使服务业集聚区的数量、规模、水平也成为政府工作目标的一部分。鉴于服务业集聚区认定、监测、考核工作具有内在的一致性，这三个环节的客观评价指标的设置也可以相互借鉴和通用。部分评估指标的内容完全可以作为政府推动集聚区建设发展成效的考核指标，从而实现一套指标体系的多种应用。评估指标对集聚度、主导产业突出度、品牌影响力、产业配套体系和公共服务体系等软件建设的关注，可以借此转化为地方政府和集聚区具体运营主体的工作重点，从而体现指标体系的导向作用。

（三）依据评估情况适时对认定标准修订优化

集聚区认定管理办法提出服务业办可以根据情况适时对集聚区的认定条件和标准进行相应调整。认定办法实施以来，在认定过程中遇到了一些新情况，有些跟认定标准设置与现实发展不完全吻合有关。通过每年的认定评估可以充分暴露问题，并积极寻找解决办法，为新一轮的认定标准的修订优化积累基础的技术资料，评估指标体系的研究有利于未来认定标准更符合集聚区发展的趋势和要求。

（四）与未来集聚区常态化监测体系建立衔接

为了及时总结集聚区的建设情况，量化考核集聚区的建设成果，以更加科学地指导集聚区的建设与发展，有必要建立服务业集聚区的统计监测评价体系。监测体系的建立，特别是监测内容的确定可以跟集聚区认定评估体系衔接起来，体现集聚区产业优化、要素集聚、创新提升等方面的主要指标可以保持一致，这样也便于对集聚区发展方向形成统一的导向体系，更好地分析集聚区日常运行情况和运行特点，及时判断新的发展趋势和倾向性、普遍性问题。

（五）根据评估情况适时调整和出台针对性扶持政策

截至 2012 年底，杭州市尚没有专门针对服务业集聚区发展的政策文件，相关扶持举措散落于服务业、总部经济及专门产业类别的文件中，从集聚区实际发展需求出发，未来依然有出台专项扶持政策的可能性。要更好地用好政策资源，将最好的政策聚焦于真正优秀的集聚区和企业上，这就涉及集聚区的选拔评价标准和机制。通过对评估认定指标体系的延伸研究和应用，可以形成类似什么样的集聚区最有成长前景，集聚区最需要何种形式的政策扶持及政策实施后的效果评估等较为科学的评价反馈机制。从而在提高政策制定的针对性及更有效确定政策扶持对象、创新扶持方式上发挥重要参考作用。

第五节　服务业集聚区认定评估案例

案例一：上城区南宋御街·清河坊历史街区认定评估

一、集聚区概况

南宋御街·清河坊历史街区位于上城区，是杭州历史上最著名的街区，也是杭州目前唯一保存较完整的旧街区，是杭州悠久历史的一个缩影。它兴于宋盛于清，历经元、明、清和民国时期，直至新中国成立前夕，这一带仍然是杭城商业繁华地段。

街区除保留区内著名的老字号外，以招租、联营等形式，引入商家经营古玩、字画、旅游纪念品、工艺品、杭州及各地名土特产等符合街区历史文化氛围的项目，形成以街引商、以街带商、以商兴旅、以旅促荣的良性循环。历史街区已成为集“游、观、住、吃、购、娱”为一体的，具有杭城特色，环境古朴、功能完备、管理规范的步行街区和杭城新的商贸旅游热点。

街区现有商家 391 家（其中旅游工艺品 46 家、丝绸服饰 21 家、医药滋补保健品 11 家、字画收藏 34 家、玉器珍珠 7 家、食品茶叶 30 家、餐饮 45 家、其他 9 家、工艺亭 98 个）。整个街区形成以胡庆余堂、方回春堂、朱养心药店、保和堂为代表的中医中药文化，以王星记扇子、张小泉剪刀、万隆火腿为代表的百年老店文化，以高银美食街为主、光复路小吃街为辅的餐饮小吃文化，以民间艺人为特色的民俗文化。整个街区体现了国际旅游综合体的功能。

二、评估意见

（一）发展潜力

南宋御街·清河坊历史街区的发展潜力得分是 19，属于“良好”。各个指标的详细得分见“南宋御街·清河坊历史街区认定评估得分表”。各个指标的具体评估情况如下：

（1）与产业发展重点的契合度。街区的主导产业是旅游休闲产业，是上城区的“五主”之一，也是杭州市重点发展的十大产业之一，与全市产业发展重点契合。（2）与当地发展特色的关联度。街区毗邻西湖风景名胜区，而且是杭州目前唯一保存较完整的旧街区，发展旅游休闲产业比较符合当地产业发展特色。（3）主导产业增加值占所在区、县（市）服务业增加值比重。市区旅游业增加值占服务业增加值比重低于淳安县和桐庐县。（4）主导产业景气度。2010 年杭州市实现旅游总收入 1025.7 亿元，同比增长 27.7%。（5）集聚区可拓展空间。街区属于城市中心区的老街区，物理拓展空间几乎不存在。（6）集聚区品牌影响力。街区先后获得中国民间文化街、中国著名商业街、国家 AAAA 级旅游景区、“中华老字号第一街”等诸多荣誉称号，街区内又有胡庆余堂、方回春堂等一批老字号，品牌影响力较大。

（二）集聚效应

南宋御街·清河坊历史街区的集聚效应得分是 24，属于“优秀”。各个指标的详细得分见“南宋御街·清河坊历史街区认定评估得分表”。各个指标的具体评估情况如下：

（1）主导产业企业入驻情况。街区现已入驻购物、旅游、娱乐、休闲、餐饮等各类商家 391 家，远超过认定标准所要求的企业数量。（2）主导产业企业数量占集聚区企业总数比例。街区内企业均属于旅游休闲产业。（3）集聚区营业总收入增长率。2010年，街区接待海内外游客1600万人次，比去年增长23%，接待外来参观考察团队132批，总营业收入达到14亿元，比去年增长125%。（4）在同类集聚区中的地位。街区在全国同类街区中也具有较高的地位。（5）配套产业体系完整度。街区内配套产业体系完整。

（三）硬件环境

南宋御街·清河坊历史街区的硬件环境得分是19，属于“优秀”。各个指标的详细得分见“南宋御街·清河坊历史街区认定评估得分表”。各个指标的具体评价情况如下：

（1）符合规划情况。街区发展旅游休闲产业完全符合杭州市与上城区的土地利用、城市发展和区域经济发展各项规划的要求。（2）集聚区规模。街区占地面积13.66万平方米，旅游休闲及配套服务设施建筑面积约20万平方米。街区的土地面积低于认定标准要求的规模，但是考虑到街区的建筑面积符合认定标准，以及认定标准对城市中心区集聚区的土地要求过于苛刻，评估仍认为该街区的规模基本符合认定标准的要求。（3）地理界限。街区东临中河路，西至华光巷，南靠吴山及鼓楼，北抵高银巷，同时向东延伸到元宝街、胡雪岩故居，向北延伸至祠堂巷于谦故居的区域，地理界限清晰。（4）交通条件。街区周边有西湖大道、中河高架等主干道，距离城站火车站不到2千米，附近有地铁出口，多条公交线路可以直达街区，西湖一日游的A线、B线均到达街区华光巷口。街区均为步行街区，为了方便游客，特别是老年人和残疾人，街区华光巷口有电瓶车和人力黄包车为特殊人群提供服务，交通十分便利。（5）其他基础设施。街区内各项基础设施配套齐全。（6）商务配套设施。街区有完善的商务配套设施。

（四）软件环境

南宋御街·清河坊历史街区的软件环境得分是21，属于“良好”。各个指标的详细得分见“南宋御街·清河坊历史街区认定评估得分表”。各个指标的具体评估情况如下：

（1）管理机构。2000年杭州市政府将河坊街、大井巷一带确定为清河坊历史街区以后，上城区就成立了清河坊历史街区管理委员会，负责街区的修缮保护、业态功能定位、管理等一系列工作。管委会下设“一办五部”，人员配备齐全。（2）管理规章制度。街区各项管理制度较为健全。杭州市政府还于 2000 年 12 月专门制定颁布了《杭州市清河坊历史街区保护办法》。（3）综合服务体系。街区各项服务较为完善。街区拥有自己独立的电子商务平台；设有信用监管平台，按照政府牵头、工商推动、经营户全面参与的原则，全面实行经营户信用等级评定；成立了清河坊历史街区商会，商会下又成立了民间艺人协会、餐饮行业协会、艺术品行业协会、中医药行业协会、老字号行业协会五个协会。（4）产业发展导向。街区的主导产业旅游休闲产业属于鼓励类产业项目，而且街区位于杭州西湖风景名胜区范围内，符合《杭州市 2011 年产业发展导向目录和空间布局指引》。（5）地方政府扶持政策。上城区有《发展“五主多副”促进转型升级指导意见》等扶持旅游休闲产业的政策文件。（6）集聚区扶持政策。街区为商户提供了租金优惠、电子商务平台、信用评级等扶持政策。（7）集聚区建设发展规划。街区已委托浙江大学旅游研究所编制了《中山路城市有机更新与综合保护工程旅游发展规划》，对街区进行了详细的现状分析和业态布局定位。

（五）综合得分计算

按照现代服务业集聚区认定评价指标评分标准，从发展潜力、集聚效应、硬件环境、软件环境 4 个方面的 24 个评估指标进行分析，得出南宋御街·清河坊历史街区的综合得分是 83 分，详见表 7–6。

表 7-6　南宋御街·清河坊历史街区认定评估得分表

一级指标			二级指标		
名称	权重分值	得分	名称	权重分值	得分
发展潜力	24	19	与产业发展重点的契合度	4	4
			与当地发展特色的关联度	4	4
			主导产业增加值占区、县（市）服务业增加值的比例	6	4

续 表

一级指标			二级指标		
名称	权重分值	得分	名称	权重分值	得分
发展潜力	24	19	主导产业景气度	3	3
			集聚区可拓展空间	3	0
			集聚区品牌影响力	4	4
集聚效应	26	24	主导产业企业入驻情况	8	8
			主导产业企业数量占集聚区企业总数比例	6	6
			集聚区总营业收入增长率	4	2
			在同类集聚区中的地位	5	5
			配套产业体系完整度	3	3
硬件环境	22	19	符合规划情况	6	6
			集聚区规模	6	3
			地理界限	2	2
			交通条件	3	3
			其他基础设施	2	2
			商务配套设施	3	3
软件环境	28	21	管理机构	5	5
			管理规章制度	2	2
			综合服务体系	6	4
			产业发展导向	2	2
			地方政府扶持政策	6	3
			集聚区优惠政策	3	1
			建设发展规划	4	4
合计	100	83		100	83

三、评估结论与建议

按照现代服务业集聚区的综合评价标准，南宋御街·清河坊历史街区的综合评价为“良好”，且没有出现关键指标不得分的情况。其中发展潜力、软件环境两项指标“良好”，集聚效应、硬件环境两项指标“优秀”。因此，建议将南宋御街·清河坊历史街区列入重点类现代服务业集聚区候选名单。

案例二：下城区电子商务产业园认定评估

一、集聚区概况

下城区电子商务产业园位于费家塘路588号，处在东新园小区北部，总面积5.07万平方米，四至范围为：北临原杭州重型机械厂（规划中的杭州创新创业新天地），南侧重工路以南为东新园小区，西邻费家塘路浙四监现代化住宅小区，东面为城市规划公共绿地，周边为科技研发区块。

该园区是在原浙江星火集团工业园的基础上进行产业调整升级建立的，主要涉及四类产业：信息与软件业、电子商务业、高新科技业与高新技术企业配套的知识型中介服务业、流通业。截至2010年底，园区共入驻企业157家，注册资金达39452万元，其中科技孵化企业64家，科研型、高科技和电子商务型企业53家，引进、培育14家国家重点扶持高新企业及市级高新技术企业。2010年园区共获得授权35项，其中发明专利1项，承担省级以上科技项目3项，参与国家标准编制审核1个，有19家初创型科技企业获得杭州市2010年第一批“雏鹰计划”企业认定。2010年，园区实现营业收入36981.93万元，同比增长16.3%，税收2118.61万元，同比增长50.7%，园区企业研发投入占总营业收入的比重达12%。

经过成立以来三年多的努力，下城区电子商务产业园先后被评为区级、市级高新技术产业园，杭州市级小企业创业示范基地，省级电子商务产学研创新创业基地，国家级电子商务试点城市拓展区，国家级科技孵化器，获2009年度杭州市优秀高新技术产业园等多项荣誉。

二、评估意见

（一）发展潜力

下城区电子商务产业园的发展潜力得分是 21，属于“优秀”。各个指标的具体评估情况如下：

（1）与产业发展重点的契合度。园区的主导产业是信息软件业、电子商务业、高新科技业等高新技术产业，属于下城区“两轮驱动”发展战略之一，是杭州市服务业重点发展领域，渗透于杭州市重点发展的十大产业之中，与全市产业发展重点较为契合。（2）与当地发展特色的关联度。园区是在原浙江星火集团工业园的基础上进行产业调整升级建立起来的，符合当地产业发展特色、资源条件。（3）主导产业增加值占所在区、县（市）服务业增加值比重。下城区高新技术产业增加值占服务业增加值比重在杭州各区、县（市）中仅低于西湖区。（4）主导产业景气度。2010 年，下城区规模以上高新技术企业实现销售产值 58.08 亿元，同比增长 25.95%。（5）集聚区可拓展空间。园区占地面积 5.07 万平方米，一期建筑面积 5 万平方米已经投入使用，二期建筑面积约 4.2 平方米即将竣工并投入使用，未开发土地较少，可拓展空间小。（6）集聚区品牌影响力。园区先后获得区级、市级高新技术产业园，杭州市级小企业创业示范基地，省级电子商务产学研创新创业基地，国家级电子商务试点城市拓展区，国家级科技孵化器等称号，品牌影响力较大。

（二）集聚效应

下城区电子商务产业园的集聚效应得分是 21，属于“良好”。各个指标的详细得分见“下城区电子商务产业园认定评估得分表”。各个指标的具体评估情况如下：

（1）主导产业企业入驻情况。园区现已入驻企业 157 家，其中科技孵化企业 64 家，科研型、高科技和电子商务型企业 53 家，引进、培育 14 家国家重点扶持高新企业及市级高新技术企业，园区企业研发投入占总营业收入的比重达 12%。达到认定标准所要求的企业数量。（2）主导产业企业数量占集聚区企业总数比例。园区内绝大多数为高新技术企业。（3）集聚区营业总收入增长率。2010 年，园区实现营业收入 36981.93 万元，同比增长 16.3%，税收

2118.61万元，同比增长50.7%。（4）在同类集聚区中的地位。园区是杭州市市级高新技术产业园、杭州市市级小企业创业示范基地、省级电子商务产学研创新创业基地、国家级电子商务试点城市拓展区，在全国同类集聚区中也具有较高的地位。（5）配套产业体系完整度。园区内配套产业体系较为完整。

（三）硬件环境

下城区电子商务产业园的硬件环境得分是14，属于"合格"。各个指标的详细得分见"下城区电子商务产业园认定评估得分表"。各个指标的具体评价情况如下：

（1）符合规划情况。园区发展高新技术产业基本符合杭州市与下城区土地利用规划、城市规划及符合区域经济发展规划的要求。（2）集聚区规模。园区占地面积5.07万平方米，一期建筑面积5万平方米已经投入使用，二期建筑面积约4.2平方米即将竣工并投入使用，土地面积达到认定标准要求的规模，建筑面积低于认定标准。（3）地理界限。园区北临原杭州重型机械厂（规划中的杭州创新创业新天地），南侧重工路以南为东新园小区，西邻费家塘路浙四监现代化住宅小区，东面为城市规划公共绿地，地理界限清晰。（4）交通条件。园区内外交通日趋改善，紧邻铁路，距北部的留石快速路和东部的秋石快速路均约1千米，园区外的费家塘路现已改造完成，公交站点及公共自行车租赁点已投入使用，交通较为便利。（5）其他基础设施。园区内给排水、供电、通信、燃气等基础设施基本能满足要求。（6）商务配套设施。园区内商务配套设施较为完善。

（四）软件环境

下城区电子商务产业园的软件环境得分为18，属于"合格"。各个指标的详细得分见"下城区电子商务产业园认定评估得分表"。各个指标的具体评估情况如下：

（1）管理机构。2009年，下城区成立下城区高新技术产业园管理委员会，为区政府直属事业单位，下设办公室、规划工程科、综合管理科、招商科，有固定专职管理人员。（2）管理规章制度。园区内建设管理、招商引资、考核评价等管理制度较为健全。（3）综合服务体系。园区设有综合服务中心、电子技术公共测试平台、天眼教育培训有限公司、物联网体验中心等综合服务体系，能够满足园区企业生产、技术、信息、营销、供应、科研、人才培训等配套服务的需要。（4）产业发展导向。按照《杭州市2011年产业发展导向目录和空间布局指引》，园区的主导产业高新技术产业属于鼓励类产业项目。（5）地方政府扶持政策。下城区对园区建设及高新技术产业的发展制定有相应的扶持、优惠政策，如《下城区进一步促进经济发展的若干意见》《下城区促进高新技术产业发展的财政扶持政策》等。（6）集聚区扶持政策。园区对入驻企业有多项一般性扶持政策。（7）集聚区建设发展规划。园区已经编制了建设发展"十二五"规划，对园区的未来发展有较为合理的功能定位，明确的近期建设发展目标与任务。

（五）综合得分计算

按照现代服务业集聚区认定评价指标评分标准，从发展潜力、集聚效应、硬件环境、软件环境4个方面的24个评估指标进行分析，得出下城区电子商务产业园的综合评估得分是74分，详见表7-7。

表7-7　下城区电子商务产业园认定评估得分表

一级指标			二级指标		
名称	权重分值	得分	名称	权重分值	得分
发展潜力	24	21	与产业发展重点的契合度	4	3
			与当地发展特色的关联度	4	4
			主导产业增加值占区、县（市）服务业增加值的比例	6	6
			主导产业景气度	3	3
			集聚区可拓展空间	3	1
			集聚区品牌影响力	4	4

续　表

一级指标			二级指标		
名称	权重分值	得分	名称	权重分值	得分
集聚效应	26	21	主导产业企业入驻情况	8	8
			主导产业企业数量占集聚区企业总数比例	6	6
			集聚区总营业收入增长率	4	2
			在同类集聚区中的地位	5	3
			配套产业体系完整度	3	2
硬件环境	22	14	符合规划情况	6	4
			集聚区规模	6	3
			地理界限	2	2
			交通条件	3	2
			其他基础设施	2	1
			商务配套设施	3	2
软件环境	28	18	管理机构	5	4
			管理规章制度	2	2
			综合服务体系	6	4
			产业发展导向	2	1
			地方政府扶持政策	6	4
			集聚区优惠政策	3	1
			建设发展规划	4	2
合计	100	74		100	74

三、评估结论与建议

按照现代服务业集聚区的综合评价标准，下城区电子商务产业园的对应综合评价结论为“合格”，即没有出现关键指标不得分的情况，园区在发展潜力方面得到好评，达到优秀标准，集聚效应达到良好标准，软件环境、硬件环境方面为合格。

鉴于下城区电子商务产业园具备强劲的发展潜力，集聚效应良好，园区的二期工程即将竣工，软件、硬件环境方面达到合格以上标准，建议将下城区电子商务产业园列入培育类现代服务业集聚区候选名单。

案例三：浙江省科研机构创新基地认定评估

一、集聚区概况

浙江省科研机构创新基地是浙江省、杭州市、临安市三级共建的重大科技平台。2009 年 11 月，创新基地顺利奠基并授牌，基地位于临安市内，东至临安与余杭区交界处，南至杭徽高速青山湖体育公园一线，西至环城东路、大学路，北至潘山、泉口及东苕溪以北部分围合区域，规划面积 115 平方千米，实际可用面积 34 平方千米，其研发核心区位于临安经济开发区环青山湖区域的胜联区块。距杭州市区约 30 千米，距萧山国际机场约 1 小时车程，距上海市约 2 小时车程，处在浙江省“两小时交通、经济、生活圈”内，区位优势显著。

浙江省科研机构创新基地按照“高起点、高标准、高水平”和“特色鲜明、品质一流、作用突出”的目标要求，建设国内一流、国际先进的“科技资源集聚区、技术创新源头区、高新企业孵化区、低碳技术示范区和体制改革实验区”。重点培育发展新一代电子信息技术、新材料、新能源、高端装备制造等高新技术产业。截至 2012 年末，浙江省科研机构创新基地概念性规划及城市设计已批复，正在编制创新基地的中长期发展规划，研发区、综合配套区、产业区、生态休闲区等四大板块建设日益推进，已经签约国家海洋局第二海洋研究所、中科院长春应化所、浙江大学青山湖科技研发园等单位（项目）17 个，拟签约通用电气公司创新基地、中化浙江研究院等单位（项目）10 个。

二、评估意见

（一）发展潜力

浙江省科研机构创新基地的发展潜力得分是 19，属于“良好”。各个指标的详细得分见“浙江省科研机构创新基地认定评估得分表”。各个指标的具体评估情况如下：

（1）与产业发展重点的契合度。浙江省科研机构创新基地的主导产业是高新技术产业，是临安市“十二五”期间建设“杭州西郊现代服务业高地”的优先发展领域，渗透于杭州市重点发展的十大产业之中，与全市产业发展重点较为契合。（2）与当地发展特色的关联度。基地内有浙江农林大学等三所高校；包括浙江大学在内的杭州几十所高校，将为基地提供人才、科技等资源；临安市现有各类高新技术产业企业 104 家，积极发展高新技术产业，与资源条件、产业特色关联紧密。（3）主导产业增加值占所在区、县（市）服务业增加值比重。临安市高新技术产业增加值占服务业增加值比重低于主城区，居全市的县、市、区中游水平。（4）主导产业景气度。2010 年，临安市实现高新技术产业销售产值 223.4 亿元，同比增长 53.8%。（5）集聚区可拓展空间。浙江省科研机构创新基地规划面积 115 平方千米，实际可用面积 34 平方千米，研发核心区区块 2.07 平方千米，可拓展空间巨大。（6）集聚区品牌影响力。浙江省科研机构创新基地是浙江省、杭州市、临安市三级共建的重大项目，具有较强的品牌影响力。

（二）集聚效应

浙江省科研机构创新基地的集聚效应得分是 15，属于“不合格”。各个指标的详细得分见“浙江省科研机构创新基地认定评估得分表”。各个指标的具体评估情况如下：

（1）主导产业企业入驻情况。基地已经签约单位（项目）17 个，拟签约单位（项目）10 个，不满足“入驻科技型企业 20 家以上，或入驻科技型企业

5家以上且总销售（营业）收入超过5亿元”的集聚区认定标准。（2）主导产业企业数量占集聚区企业总数比例。基地内企业为高新技术产业，均属主导产业。（3）集聚区营业总收入增长率。基地内区入驻研发企业不断增多，正逐步开始产生效益。（4）在同类集聚区中的地位。基地是浙江省、杭州市、临安市重点扶持建设并发挥其示范带动作用的科技服务业集聚区，在全市处于领先地位。（5）配套产业体系完整度。基地的硬件正在建设中，相关配套产业体系逐步形成。

（三）硬件环境

浙江省科研机构创新基地的硬件环境得分是12，属于“不合格”。各个指标的详细得分见“浙江省科研机构创新基地认定评估得分表”。各个指标的具体评估情况如下：

（1）符合规划情况。基地建设基本符合临安市的土地、交通、城镇建设、经济发展等相关规划。（2）集聚区规模。基地面积115平方千米，实际可用面积34平方千米，基地内建设正在启动，建筑面积不详，初定符合科技服务业集聚区认定标准的要求。（3）地理界限。基地有大致的地理界限。（4）交通条件。基地紧邻杭徽高速、02省道，东距杭州市绕城高速仅19千米，规划的杭州轻轨5号线从基地南侧穿过，青山航道与京杭运河相通，交通通达性较好。（5）其他基础设施。基地内水、电、通信、燃气等设施正在不断配套完善当中。（6）商务配套设施。浙江省科研机构创新基地自身有一定的提供商务服务的能力，还可依托杭州市中心城区开展相关商务活动。

（四）软件环境

浙江省科研机构创新基地的软件环境得分是18，属于“合格”。各个指标的详细得分见“浙江省科研机构创新基地认定评估得分表”。各个指标的具体评估情况如下：

（1）管理机构。基地的管理机构设在临安市经济技术开发区管理委员会。（2）管理规章制度。基地有健全的管理规章制度，能有效开展建设管理、招商引资、统计等各项工作。（3）综合服务体系。基地内规划有建筑面积10万平方米的公共服务中心，截至认定评估当年末尚未建设。（4）产业发展导向。

按照《杭州市2011年产业发展导向目录和空间布局指引》，基地的主导产业“高新技术产业”属于鼓励类产业项目，布局在重点开发区内，完全符合最新公布的产业导向目录和空间布局指引。（5）地方政府扶持政策。浙江省、杭州市、临安市近年出台了多项扶持基地建设和高新技术产业发展的优惠政策。（6）集聚区优惠政策。基地内陆续出台了促进区内企业、项目推进的相关优惠政策。（7）集聚区建设发展规划。浙江省科研机构创新基地概念性规划及城市设计已批复，正在编制创新基地的中长期发展规划。

（五）综合得分计算

按照现代服务业集聚区认定评价指标评分标准，从发展潜力、集聚效应、硬件环境、软件环境4个方面的24个评估指标进行分析，得出浙江省科研机构创新基地最后综合得分是64分，详见表7-8。

表7-8　浙江省科研机构创新基地认定评估得分表

一级指标			二级指标		
名称	权重分值	得分	名称	权重分值	得分
发展潜力	24	19	与产业发展重点的契合度	4	3
			与当地发展特色的关联度	4	2
			主导产业增加值占区、县（市）服务业增加值的比例	6	4
			主导产业景气度	3	3
			集聚区可拓展空间	3	3
			集聚区品牌影响力	4	4

续 表

一级指标			二级指标		
名称	权重分值	得分	名称	权重分值	得分
集聚效应	26	15	主导产业企业入驻情况	8	2
			主导产业企业数量占集聚区企业总数比例	6	6
			集聚区总营业收入增长率	4	2
			在同类集聚区中的地位	5	3
			配套产业体系完整度	3	2
硬件环境	22	12	符合规划情况	6	4
			集聚区规模	6	3
			地理界限	2	1
			交通条件	3	2
			其他基础设施	2	1
			商务配套设施	3	1
软件环境	28	18	管理机构	5	5
			管理规章制度	2	2
			综合服务体系	6	0
			产业发展导向	2	2
			地方政府扶持政策	6	6
			集聚区优惠政策	3	1
			建设发展规划	4	2
合计	100	64		100	64

三、评估结论与建议

按照现代服务业集聚区的综合评价标准，浙江省科研机构创新基地的对应综合评价为“不合格”，出现了综合服务体系等关键指标不得分的情况，集聚区在发展潜力方面良好，集聚效应、硬件环境方面不合格，软件环境合格。

建议暂不对浙江省科研机构创新基地开展现代服务业集聚区进行认定。

第八章

杭州市服务业集聚区公共服务平台建设

公共服务平台，是在产业集中度较高或具有一定优势的地区，针对某类用户群体一定时期的公共需求，通过组织整合、集成优化，将离散在政府、科研机构、教学机构、企业的各类资源，构建成为可提供共享共用的技术开发、试验推广、产品设计、加工检测、信息资源、公共服务、基础设施等开放、支持的服务系统。它可为用户群体提供系统、全面、方便、高效的相关公共服务。

第一节　服务业集聚区公共服务平台现状

一、各类服务业集聚区公共服务平台基本情况

杭州市为推动文化创意业、信息与软件业、金融服务业、现代物流业集聚区的发展，逐步加强集聚区中公共服务平台的建设，在科技创新、知识产权、人力资源、投融资和综合协调等服务平台的建设上取得了一定的成效。

（一）文化创意产业集聚区公共服务平台

杭州市文化创意产业集聚区内的公共服务平台较为完善，主要构建了科技创新、投融资、产权保护、会展等平台。科技创新服务平台主要通过互联网形式提供服务，在相关的网站设有平台背景、视频展示、平台目标、平台产品等板块。投融资服务平台从文化创意产业专项资金中每年安排不低于 1000 万元用于投融资平台建设，建立了多层次、多功能的贷款风险分担和补偿机制，用于合理分散金融机构的信贷风险，鼓励担保机构提供融资担保服务，安排一定资金，专项用于担保机构的担保费用补助和担保代偿损失补助。产权保护服务平台通过依托杭州市产权交易中心，探索并建立了无形资产评估体系和知识产权交易平台，建立了相对比较健全的知识产权评价机制和知识产权保护体系。会展平台通过举办杭州文博会（中国杭州文化创意产业博览会），打响了“全国文化创意中心”的品牌，杭州文博会已被列为中国文化创意产业的四大重要会展之一。

（二）信息与软件产业集聚区的公共服务平台

信息与软件产业集聚区内的服务平台主要围绕软件技术创新发挥支撑与推动作用，包括软件产业科技创新服务平台、软件与信息服务外包公共支撑平台、高新技术创新公共服务平台、软件技术研发公共服务平台等。软件产业科技创新服务平台、软件与信息服务外包公共支撑平台均由杭州国家软件产业基地有限公司承担建设，采用现场物理服务与网上虚拟服务相结合的形式进行架构设计与组织实施，为广大中小软件企业提供软件科技创新服务和提供外包公共服务。平台由“五区三心”组成，“五区”是在网络环境上加载的服务内容，包括虚拟开发实验专区、远程协同工作专区、软件技术知识库专区、中间件应用推广专区、资源互联共享专区；“三心”是现场服务内容，包括解决方案体验中心、软件产品评测中心、人才实习培训中心。高新技术创新公共服务平台，继承和集聚了国家、省、市政府多年来共同投资建设的“公共服务与技术支撑平台”“软件产业科技创新服务平台”“软件与信息服务外包公共支撑平台”等公共服务平台的全部资源和服务功能，通过整合高校科研机构的科技资源和英特尔、微软等著名原厂商的先进技术，为中小软件企业提供“软件开发环境”“图形图像渲染”“软件性能评测与高性能并行计算”“软件专业技术实战训练”等一系列技术服务内容。该平台也采用现场物理服务与网上虚拟服务相结合的形式进行架构设计与组织实施，其中虚拟服务包括面向中小软件企业的虚拟开发，协同工作，中间件、技术和资源共享等内容，物理环境中的“高性能集群计算中心”搭建了150多个节点的多路多核高性能服务器集群计算平台，提供海量信息计算、图形图像（动漫）渲染和软件测试等多业务的应用测试服务。软件技术研发公共服务平台在高新技术创新公共服务平台的基础上，基于微软最新的虚拟化控制技术构建了“软件技术研发公共服务平台”，通过采用云端的开发方式、分布式部署及封闭式的开发环境等多种方式为中小企业营造网上虚拟服务与现场物理服务相融合的软件开发环境服务，服务项目涵盖开发工具平台、云存储服务平台、虚拟空间租赁、高性能运算、软件测试、人才实训、软件开发应用培训等。

（三）金融服务业集聚区公共服务平台

全市金融业集聚区主要有庆春路、延安路的金融集聚区，建设中的钱江金融集聚区，以基金为主的杭州山南国际创意金融产业园。虽然这些金融集聚区内也有相关的财会公司、法律机构等入驻，还仍未形成真正意义上的为集聚区内金融机构提供服务的公共服务平台。

（四）现代物流业集聚区公共服务平台

杭州市现代物流业集聚区的公共服务平台建设相对较为薄弱，主要围绕信息共享、电子商务方面提供支撑性服务。一是区域性物流公共信息平台，通过计算机通信网络技术，提供物流信息、技术、设备等资源共享服务，向社会用户提供信息服务、管理服务、技术服务和交易服务。浙江传化公路港物流扮演着物流平台运营商的角色，作为物流平台整合运营商，通过信息交易、运输、仓储、配送、零担快运、管理服务六大中心，以及完善的配套服务功能，把众多第三方物流企业集聚到一起，形成了物流服务、物流载体、物流需求、物流管理服务四大资源的集聚，为区域内工商企业和物流企业提供一个包括基础性的物流设施、信息交易服务和商业配套服务的优质的综合性物流服务平台。杭州农副产品物流中心的农副产品垂直领域电子商务平台——“想购网”上线运营，是全方位配送服务的B2C电子商务平台。阳光采购、放心采购、健康采购已经成为该平台一张闪亮的名片。

二、服务业集聚区公共服务平台建设存在的问题

总体而言，杭州市服务业集聚区公共服务平台建设仍处于初步阶段，在平台的组织管理、任务实施、运行服务中还面临着许多问题。

（一）政府对平台的认识还不全面

服务业集聚区已成为政府关注的热点，但对于公共服务平台的认识还有待加强。许多政策文件明确表示，更多的财政投入将放在服务业集聚区的公共服务体系建设上。由于对什么样的平台能够认定为服务业集聚区内公共服务平台缺乏明确的界定和考核标准，因此，虽然政府对建设集聚区的公共服务平台投入了大量资金，但对于公共服务平台为企业提供的服务质量和水平，以及完成的预期经济效益和社会效益都难以判断。

（二）缺乏顶层规划和统一布局

受行政管理体制制约，平台建设多头管理，导致投资分散，使用效率不高，不同程度地存在重复建设现象。在管理上，多数平台受现行政策约束，难以吸引高层次人才和引进竞争激励机制。缺乏统筹管理，“小、散、重复”现象突出，平台之间缺乏必要的信息互联和沟通协调，难以发挥整体效益，利用效率低。如信息与软件产业集聚区内虽已构建了较为丰富的公共服务平台，但其功能均为提供技术研发类的支撑性服务，在一定程度上存在着资源的浪费。从现有服务业集聚区公共服务平台的建设看，一方面存在同质同构、重复投资和共享不足问题，另一方面又缺乏针对企业特定需求领域的公共服务项目。因此，有必要对服务业集聚区内的公共服务平台建设进行统筹规划安排。

（三）建设资金来源渠道单一，后续运行经费难以保障

平台建设资金主要来源于政府的专项资金，平台后续运行的费用须通过平台经营加以解决。公共服务平台主要目的是满足行业的公共需求，特别是满足集聚区内企业的需求及服务业人才的创业需求，其本身属于保本微利行业，服

务价格的高低，决定了公共服务平台能否正常运行，价格偏高会导致平台资源闲置，服务价格偏低又难以维持日常的运营支出。鼓励社会力量参与平台建设的措施和机制还没有真正建立起来，造成投入主体单一，缺乏资源共享机制，平台的长效机制难以形成。因此，平台建设还需走市场化的道路，通过创新寻找合适的经营模式，变政府输血为自身造血。

（四）公共服务平台没有成为服务业集聚区的核心

吸引产业及企业的集聚，不仅需要便利的交通条件、优良的环境条件、集聚区优惠政策、入驻旗舰企业的磁铁效应，还需要集聚区的公共服务。集聚区的公共服务将是吸引产业集聚的主要因素，杭州市各个服务业集聚区基本都具备便捷的交通、良好的环境及优惠政策等，但在公共服务平台的建设上没有完全考虑企业的共性与个性需求，集聚区内企业看重的产品研发服务、市场拓展服务、投融资服务、技术服务、人才服务、产业信息服务等与企业发展直接相关的增值服务较为缺少，在满足服务企业需求、解决行业共性需求方面未能发挥平台的作用。

第二节　服务业集聚区平台需求分析

一、典型服务业集聚区平台企业需求分析

（一）文化创意产业集聚区需求分析

对于文化创意产业集聚区，集聚区内企业主要是小型创业企业，需要得到培育与协助创业企业发展壮大的相关服务，因此亟须孵化培育壮大，亟须外部的资源与技术的支持，亟须交流与合作捕捉到市场机会。

（二）信息与软件产业集聚区需求分析

对于信息与软件产业，集聚区内的企业主要是对软件技术的研发、创新方面产生需求，因此，须加强企业自主创新能力建设，建立集聚区内资源共享技

术交流合作的研发系统，构建集聚区的研发和试验协作平台，同时建立提供测试等相关技术服务的专业技术服务链。

（三）金融业集聚区需求分析

金融业集聚区企业的发展主要是对风险管理、软件开发、人员教育及金融数据库的需求，需要大力发展对金融企业的公司治理与风险管理起重要支撑和辅助作用的相关商务服务业，包括资信服务、会计审计及税务服务、法律服务、金融咨询服务、金融科技服务、金融信息服务等。提供金融软件开发、售后等相关后台服务，建立金融软件与服务外包基地。强化金融教育培训，加大金融人才资源开发，鼓励从业人员参加金融分析师 CFA，金融规划师 CFP 及各种认证考试。推动杭州金融数据平台建设，构建数据中心。

（四）现代物流业集聚区需求分析

现代物流业集聚区企业的发展需求主要是人才引进与培训、投融资、数据共享方面的服务。加大国内外著名服务业机构人才的吸引力度，所产生的住房货币补贴、安家费、科研启动经费等费用，可列入企业成本核算。拓宽现代物流集聚区内企业的融资渠道，鼓励直接融资，加强上市相关知识辅导服务。统一规范标准，建立数据信息共享与资源利用服务。

二、服务业集聚区平台共性需求分析

除了企业孵化服务平台、技术支撑服务平台、风险监管平台三个有个性需求的平台以外，知识产权服务平台、人才培训服务平台、投融资服务平台、数据共享服务平台是 4 个具有普适作用的平台。

（一）知识产权服务需求

服务业集聚区内企业由于其邻近性和快速的知识溢出，导致相互之间技术很容易模仿，而现有知识产权法律难以有效地保护集聚区内企业的知识资产。因此，需加强服务业集聚区的知识产权信息发布系统和咨询系统建设，提供知识产权信息资源在线查询、跨系统数据库查新检索等服务。探索建立政府扶持、社会参与的知识产权法律援助制度，为用户提供优质高效的法律服务。

（二）人才培训服务需求

由于大部分服务业集聚区内入驻培训机构不足，使得集聚区内企业的优秀人才主要以引进为主，导致专业化人才和高端人才相对不足，高端人才缺乏现象十分突出。因此，需大力培养专业化人才和高端人才，开展面向集聚区内企业的技术交流、技能培训、国内外合作与交流等活动，提高企业自身培养专业化人才的能力。加大外向型培训力度，在集聚区内设立人才实践基地，设立专家学术休假津贴等，提高培训质量水平。

（三）投融资服务需求

服务业集聚区内企业在一定程度上都存在融资难问题，特别是初创型企业贷款难、融资难、担保难问题更加突出，这在一定程度上阻碍了企业的可持续发展，因此，需拓宽集聚区内企业的融资渠道，鼓励直接融资，并加强企业上市相关知识辅导服务。

（四）数据共享服务需求

集聚区内企业缺少特定的针对性数据库，从而限制了不同行业内部的数据共享与数据分析，因此，需建立集聚区公共信息服务平台，建立资源共享机制，实现政策法规信息、技术信息、管理信息、市场信息及其他信息的共享。

第三节　国内外服务业集聚区公共服务平台建设经验

一、国外服务业集聚区公共服务平台建设经验

（一）美国硅谷信息与软件业集聚区的公共服务平台建设

美国硅谷地区是世界上最具创新能力的信息与软件业集聚区，集聚了一大批如微软、英特尔、雅虎等世界知名企业，拥有各种专业化服务的公共服务

平台。

1. 人才培训服务平台

硅谷中斯坦福大学、加州大学伯克利分校等大学及相关研究机构为集聚区提供人力和智力支持。其中斯坦福大学与产业界合作开展大量的科研项目，为硅谷的技术创新提供了大力支持；向硅谷输送高水平的毕业生，为硅谷高科技创新活动提供了强大的人力资源；斯坦福学生和教授直接参与创办企业等商业活动，为硅谷产生一批世界知名企业奠定了基础。

2. 风险投资服务平台

硅谷是美国风险资本活动的主要中心，这里孕育和催生了一大批如亚马逊、英特尔、思科等高科技公司。风险投资服务平台在硅谷高科技成长的过程中发挥了三方面作用：一是具有投资放大器的功能，为硅谷科技成果转化和产业化提供急需资金；二是具有企业孵化器的功能，利用自身的经验、专业知识和社会关系网络帮助高新技术企业提高管理水平和开拓市场，提供增值服务；三是具有市场筛选的功能，经过严格的项目评估选取优质商业计划书，培育了硅谷的整个高技术产业群。

3. 金融服务平台

金融服务平台主要提供资金支持，在硅谷中，存在大量为高新技术企业服务的商业银行。如硅谷银行业务重点为技术型和成长型企业提供支票账户、现金管理和信用证服务，同时为技术型企业提供融资服务，包括为专利、工艺、商业计划等无形资产提供贷款。

4. 法律服务平台

律师服务平台发挥顾问和经纪人等作用。硅谷律师业十分发达，硅谷律师扮演着经纪人、顾问、“媒人”及“看门人”角色：律师作为经纪人角色明显体现在风险资本融资中，从众多新投资项目中筛选出有前景的一部分项目引荐给风险投资家；作为顾问角色，充当企业法律和商务咨询顾问工作；作为“媒人”角色，利用广泛网络将其他客户引荐给各种供应商、合资者和其他交易伙伴；作为“看门人”角色，使用他们的经纪人能力去构建和捍卫硅谷的社区认同。

5. 财务服务平台

会计师事务所提供财税指导。硅谷内有如普华永道、毕马威等全球知名会计事务所。典型的硅谷企业是新兴企业，其有形资产很少，收入极不确定，没有利润，股票期权未兑现，其需求和实际都不甚符合通常意义上的会计规范和标准。硅谷会计师超越传统的审计师或报税顾问的职能，创造性地阐释会计师业务，为新的风险企业的交易结构设计提供有价值的指导。

6. 人才招聘服务平台

猎头公司发挥了人才招聘服务的重要作用，帮助企业寻找合适的首席执行官与其他高层领导；底层和中层管理人员的招聘由硅谷内的安置代理机构和职业介绍所代理。

7. 行业协会（商会）

行业协会起着联结不同市场主体的纽带作用。如生产协会积极与州政府协商为硅谷地区的发展解决环境、土地和基础设施等问题；半导体设备和原料协会积极寻求半导体芯片技术标准统一等。

（二）英国伦敦金融服务业集聚区的公共服务平台建设经验

伦敦金融城是与华尔街齐名的世界三大金融中心之一，伦敦金融城之所以能够成为全球金融市场的核心，除了特定的历史渊源，完善的金融法律、制度和政策环境外，还有一批助推金融机构发展的专业服务平台，集中了世界上几乎所有的重要的银行集团、保险公司、咨询公司、会计师事务所和律师事务所。

1. 会计服务平台

金融服务业越来越需要关于监管的专家建议，普华永道、德勤、毕马威、安永和均富国际等国际知名的会计师事务所驻扎在伦敦。

2. 法律服务平台

伦敦透明可靠的英国法律体系赢得了世界各地投资者的信任，它拥有全球最专业的国际金融服务律师团队，世界上最大的 6 家法律事务所有 4 家在英国，此外，还有 200 多家外国公司。强大而可靠的法律体系为企业和投资者提供了及时的司法援助及高效、可信赖的纠纷解决方式。

3. 金融管理咨询服务平台

英国有一些独立的金融顾问，为客户提供理财、资金管理、投资等方面的金融管理咨询服务。管理咨询是英国增长最快的行业之一。

4. 人才服务平台

全国各地的专业培训机构、商学院和教育集团对日益增长的国际金融需求，能够提供一批具有专业技能的金融人才。各金融机构注重职业培训，如汇丰银行每年的培训费用占人工成本的10%。英国对劳动力市场的开放性、对人才的低个人所得税及股权激励所形成的独特的人才环境吸引了大量的金融服务业精英集聚，促进了金融服务业的发展。

（三）澳大利亚创意产业集聚区的公共服务平台建设经验

澳大利亚视创意产业发展为一项国家战略，成立了具有较强影响力的布里斯班大学创意产业研究中心，并以财政支持和政策扶持两大有效手段带动民间资本进入创意产业领域，实现科学技术创新和市场模式创新，推动产业发展。澳大利亚在推动文化创意产业发展中所构筑的服务平台主要有：

1. 信息服务平台

在给予一定资金扶持的基础上，澳大利亚政府特别重视相关服务的配套完善和协调支持，通过设立小企业在线，帮助企业提高上网能力、完善上网设施、增强上网意识、加大普及力度，通过网络化运作显著降低运营成本，使得更多的企业能够更好地利用数字技术所带来的巨大便利。

2. 成果利用与推广服务平台

加强研究成果的推广和利用。在给予创意产业和创意人才大量税收优惠和资金扶持的基础上，澳大利亚政府将研究成果的推广和利用视为促进创意产业发展的重点。2005年9月，“澳大利亚研究委员会创意产业创新研究中心”正式成立，这是世界范围内最早设立的有关创意产业研究成果推广与利用的机构之一。2009—2013年，该中心获得了政府总计600万澳元的资助，主要用以加大对创意产业的研究力度，促进澳大利亚创意产业实现创新发展。该中心依据研究成果制定了“创意企业标准”，不仅十分有效地帮助了文化创意产业及相关领域的企业，而且还能够了解到澳大利亚国内同类企业的经营发展情况，对于把握行业的发展动态与未来趋势从而制定企业发展战略具有重要作用。

（四）新加坡现代物流业集聚区的公共服务平台建设经验

新加坡是亚太地区领先的物流和供应链管理中心，现代物流业一直是新加坡经济的重要驱动力之一。新加坡在推动现代物流业集聚发展中主要打造了三大公共服务平台。

1. 人才培训服务平台

新加坡政府推出了政校合作、国际交流等多项物流人才培训计划，并配合市场的实际需要推出广泛的专材训练课程。政府与物流专业机构、协会或商会合作，推动举办物流展览会、研讨会，促进国际交流与合作。在新加坡国立大学和南洋理工大学等高等学府设立物流硕士课程，培养物流专业的高级管理人才。1999 年，提供 2000 万新元资助新加坡国立大学和美国佐治亚州科技学院在新加坡合作成立亚太物流学院，主要训练物流及供应链管理的专业人士。此外，政府还鼓励私立教育机构开办物流专业课程，为在职专业人员提供培训，如新加坡物流学院，在校受训的在职人员达 1500 人，该校同时也提供学位教育，培养物流专业的本科生和硕士研究生。

2. 综合协调服务平台

航空货运协会在物流业发展中扮演了重要角色，目的是要将新加坡建成世界顶级的枢纽港，为客户提供物流解决方案的专业知识和管理经验。

3. 信息服务平台

引进整合型的物流系统，构建以网络为基础的生产、销售、物流运作体系，方便物流企业与经销商进行在线物流管理与库存控制作业，能够在 B2B 门户平台上传输即时物流信息，整合仓储、运输管理及电子计划与配置系统，成为一个在线、可读取且易操作的信息平台。

二、国内服务业集聚区公共服务平台建设经验

（一）上海文化创意产业集聚区的公共服务平台建设经验

上海文化创意产业分为研发设计、建筑设计、文化传媒、咨询策划、时尚消费五大类别。上海拥有田子坊、8 号桥、时尚园、M50、创意仓库、设计工厂、海上海、周家桥、昂立设计创意园和传媒文化园十大著名的文化创意产业园区。据统计，上海市全市有 80 多家文化创意产业集聚区，共建有 121 个公共服务平台。提供了包括网络信息、投资咨询、知识产权、人才培训、研发设计、国际交流等诸多方面的公共服务平台。

1. 公共技术服务平台

上海动漫公共技术服务平台成立于 2009 年，是专业面向中国动漫影视产业发展的国家级大型专业技术服务平台。以公益性和第三方的形式，为中国动漫影视产业的内容创作提供了高端、流程化的技术支撑服务，平台汇集了人才、技术和作品等各类社会性专业资源，通过技术和服务模式的创新，促进了产业资源的集聚与共享。

2. 动漫研发公共服务平台

上海动漫研发公共服务平台成立于 2005 年，成为国内首个动漫研发平台。该平台是动漫企业的孵化器和助推器，为动漫中小企业提供设备、软件平台租赁服务及增值技术服务，在此基础上，平台利用产学研交集点的优势，为企业提供顾问咨询、技术指导，开发特定需求软件、软件插件，推广自主知识产权软件等。

3. 人才培训公共服务平台

文化创意人才重点包括三大类人员，具有原创能力和技术能力的专门人才、将创意转化为经济价值的人才、专门研究创意产业发展及其规律的人才。上海市依托浦东新区区委党校、行政学院、各类行业协会开展培训讲座，扩展覆盖面；建立好市级、区级公共实训基地；建立浦东新区高科技产业人才培训基金；加大外向型培训力度，推进在跨国公司设立人才实践锻炼基地。

4. 知识产权法律公共服务平台

知识产权法律公共服务平台包括知识产权法律咨询服务、法律信息服务、教育培训服务、诉讼援助服务、管理服务、决策咨询服务。知识产权法律咨询服务主要依托专业律师、专利商标代理人等专业团队，帮助处理知识产权权利归属、侵权争议、合同纠纷等事务。知识产权法律信息服务主要通过开设一个文化创意产业知识产权服务网站，及时发布、整理、更新法律政策、案例资讯、法务管理等信息。知识产权教育培训服务主要通过讲座、沙龙、论坛、培训班等多种形式，定期开展文化创意企业知识产权培训。知识产权诉讼援助服务全方位指导文化创意产业相关企业如何规避诉讼法律风险，如何防御知识产权诉讼攻击，如何制定知识产权诉讼应对的实施方案。知识产权管理服务主要通过培训咨询、现场调研、专家指导等形式，指导中小企业开展知识产权管理诊断、组织架构管理、风险管理、战略制定等，并对有需要的企业提供知识产权托管服务。知识产权决策咨询服务主要通过对咨询热线反映的问题，进行专题调研与分析，提供针对性的建议。

5. 投融资公共服务平台

投融资公共服务平台努力解决集聚区内中小企业融资难的问题，平台的运行主要包括三方面：首先是构筑投融资信息服务公共平台，发布中小企业信息，进行项目推介，公布政策信息，帮助中小企业与金融机构之间建立联系沟通机制；其次是完善政策性资金扶持体系，适当扩大有关支持资金的规模与适用范围；第三是拓宽多元化投融资渠道，利用银行、风险投资、产业投资基金、融资租赁公司等多种渠道进行投融资，鼓励、引导社会资金投资文化创意中小企业。

6. 信息公共服务平台

作为市级文创产业公共服务平台，面向社会各界提供权威、全面的文创产业领域公共信息服务。平台下设 4 个子平台和 3 个俱乐部，包括上海市文化创意产业公共信息发布平台、上海市文化产业园区数据服务平台、上海市数字出版公共信息服务平台、上海市艺术展公共信息服务平台，以及上海市文化产业园区俱乐部、上海市文创产业媒体俱乐部和上海市文创产业智库俱乐部。平台主要服务模式为：一是园区信息公共发布服务，集中展示园区及园区内企业动态及招商、投融资、项目对接、推广活动、人才引进等资讯信息。二是文化产业信息内参服务，通过全面的数据统计、权威的专家智库、深度的媒体报道，提供集合了数据、编译、调查、动态等在内的信息内参产品。三是文化产业对接交流服务，平台联动协调国内外各地政府及文化企业资源，为全市文化产业园区和企业提供政府招商考察、项目交流对接、专项培训咨询等交流项目，促进园区与政府，园区与园区，园区与企业之间的交流合作。

（二）深圳信息与软件业集聚区的公共服务平台建设经验

深圳建立了技术研发和试验协作、软件质量及系统安全检测、技术产权交易、科技成果转化、大型仪器设备共享和科技资源保障、融资公共服务六大平台。

1. 技术研发和试验协作公共服务平台

技术研发和试验协作公共服务平台包括重点实验室、研究开发中心两部分。重点实验室建设已经粗具规模，截至 2012 年末已经资助建设了 60 个市级重点实验室或国家重点实验室深圳分室，其中包括 9 个在建的国家重点实验室、1 个省部共建实验室和 3 个省级重点实验室，分布于深圳市的 19 所大学或科研机构中。研究开发中心，为了促进企业的资源共享和技术交流与合作，提高企业自主创新能力和核心竞争力，深圳市将企业研发中心整合进入公共技术平台，由企业研发中心组成产品开发系统，并建立企业的资源共享激励机制。

2. 软件质量及系统安全检测公共服务平台

经深圳市科技创新委批准资助，由深圳职业技术学院计算机工程学院组建的高新技术服务平台。平台坚持在互惠互利、共同发展的基础上建立“官校企行四方联动，产学研用立体推进”的全面合作关系，重点开展软件全生命周期质量保障测试服务、软件产品测试服务、信息系统安全检测服务及人员培训与检测设备出租等服务。

3. 技术产权交易公共服务平台

中国（华南）技术产权交易中心作为广东省和深圳市政府共同建设的重点项目，是以信息共享为核心、由政府引导进行资源整合的我国技术产权交易的重要公共金融服务平台，旨在解决科技产业与资本市场间的瓶颈问题，协调、整合各种激活技术产权交易的资源条件，推动深圳证券市场、高新技术产业的快速发展。华南中心自 2005 年底成立以来，通过“股改 + 托管 + 私募 ⇒ 成长 + 上市”新型企业成长体系，建立起创新性的中小企业权益资本市场，为许多企业完成了企业股份制改造工作，提供股权托管、股改服务、企业股权转让见证等服务。

4. 科技成果转化公共服务平台

从 2003 年起，深圳实行对科技企业孵化器的认定，使其享受高新技术企业的政策优惠，同时在科技研发资金中给予一定的经费支持，有效地促进了深圳市科技企业孵化器的发展。截至 2012 年末，在孵企业超过 2400 家，在孵企业职工总数达 14000 多人，在孵企业的年销售收入达 85 亿元，转化省级以上科技成果 100 多项。

5. 大型仪器设备共享和科技资源保障公共服务平台

为了提高深圳市大型仪器设备及科研设施的使用效率，集成与整合各种专业技术服务，促进科技资源的共享，2007 年，依托高新技术产业协会建立了深圳市科技资源协作网，并在此基础上，联合香港生产力促进局共建深港创新资源共享平台作为子系统，实现深港两地科技资源共享。截至 2012 年末入网单位有 480 家，其中深圳入网单位 207 家，香港入网单位 273 家，共有大型仪器设备 610 台，提供技术服务 61 项。

6. 融资公共服务平台

通过实施中小企业上市培育工程，全力推动中小企业上市。在全国首创中小企业集合发债，首发中小企业短期融资券，对解决中小企业尤其是高新技术产业中小企业融资难具有普遍的示范效应；健全融资担保体系，成立了政策性的再担保机构，为中小企业单笔 1000 万元以下的贷款分担 50% 的风险，信用担保业已成为全国担保业界的一支领跑队伍，担保总额占全国的 10%；建立重点民营企业家中长期贷款信用平台与补偿机制，以民营领军骨干企业为主体，建立了“重点民营企业池”，通过设立企业“互保金”、市财政 10 亿元专项资金与商业银行贷款共同构建企业信用平台，解决了重点民营企业中长期贷款问题。

（三）山东现代物流业集聚区的公共服务平台建设经验

山东省济南市的公共物流信息平台是全国首个省级公共物流信息平台。平台致力于打造全省跨部门、跨行业、跨地域的物流信息共享和交换体系，在全国率先开辟“运营商 +IT 企业”的物流信息服务模式。首批选定济南盖世物流等 14 个园区，试点成立全省物流园区联盟，实现园区间资源共享、数据共用、信息互通。该平台主要提供以下功能服务。

1. 政府监管与服务

通过与相关政府部门的数据接口实现物流相关政策、法规信息的发布，同时政府部门也可以借助于信息平台掌握物流行业的动向及相关分析数据。

2. 行业资源整合与服务

行业资源整合服务模块以满足物流行业运行与交易需求为目的，实现各专业系统的网上交易，功能包括物流企业黄页、物流供应链、车源货源信息、物流园区与联盟、物流保险等。

3. 物流系统 SaaS 服务

物流系统SaaS服务主要是依托核高基中间件面向平台不同对象提供流通、配货通、联盟车库、诚信通、掌上通等应用。

4. 综合信息服务

通过信息发布、信息采集等功能，提供公共信息服务，包括新闻类、专业类、共享与工具类、信息交换类等信息的展现。

5. 物流电子商务

借助专业的第三方电子支付网络实现平台车货订单信息等在线交易支持，主要包括网上招标管理、业务洽谈管理、合同管理、电子支付管理等服务功能。同时，辅以完善的平台诚信评价体系，保障在线安全交易。

6. 决策支持服务

提供大量的数据分析，利用专业的数据分析工具，对各类数据进行深度挖掘，进一步优化物流链，提高物流效率和质量，同时通过对省内物流行业的分析，提出省内物流行业发展规划和建议。

（四）北京金融服务业集聚区的公共服务平台建设经验

北京金融街集中了全国金融业的优势资源，成为国内重要的金融服务业功能区，其完善的金融服务功能，公共服务平台在其中发挥了显著成效。

1. 手机政务服务平台

北京市首个街道政务无线交互服务平台——金融街 App 平台在金融街街道正式发布。该平台的功能包括政策查询、个人事务办理、环境监督、阅读社区电子报等。此外，街道还将不断扩展 App 平台功能，添加诸如金融街巴士 GPS 定位、地区商户优惠促销信息发布等服务功能。

2. 无线交互服务平台（App）

该平台采用云计算技术，并利用最新的基于位置服务（LBS）的移动互联网技术，为在金融街地区工作和生活的群众提供及时准确的实用信息，让 App 的使用者随时将金融街范围内的各种公共信息及诉求上报到金融街街道相关部门。App 平台共分政务信息、动态公告、监督提交和个人中心 4 个板块。该平台上线后，金融街街道还计划通过在金融街公交巴士专线上安装 GPS 和相应定位通信设备，实现此款软件实时提示金融街公交的运营位置及到达时间的功能，以提高该平台的实用性，确保其能够不断适应用户的新需求。

3. 公共服务广场

金融街公共服务广场由金融街街道办事处举办，集政府咨询、金融咨询、社会服务咨询等内容于一体的公共服务广场，主要面向金融街工作人群，也是我国首个公共服务广场。该平台为长期持续性活动，每个月最后一周的周二是广场的固定活动时间。

4. 金融街商会平台

商会的主要职能包括落实市和区、县（市）政府金融产业优惠政策；充分整合区域资源，为会员单位提供务实服务；策划组织系列交流活动，扩大金融街海内外的影响力；搭建驻区机构与政府、驻区机构之间的交流沟通平台，发挥商会桥梁与纽带的作用，促进各会员间的交流合作。

三、杭州市建设服务业集聚区公共服务平台的启示

（一）创新思路、拉高标杆，打造实力型公共服务平台

提高集成能力、创新能力和服务能力，是平台建设的重要突破口。杭州市在建设服务业集聚区公共服务平台的过程中，应以“打造省内一流、辐射长三角、全国有影响力的平台”为目标，积极探索新途径、新模式，为技术转移、要素交易、产业发展提供服务支撑。可以借鉴美国硅谷、英国伦敦、我国北京和上海等地公共服务平台的建设经验，通过集聚多家产业创新平台、专业技术服务平台和专业技术服务加盟机构等资源，建立跨部门、跨系统、跨行业的资源管理和服务体系，为企业提供“一站式”公共服务，提高全市平台建设的综合实力和竞争力。

（二）物尽其用、人尽其才，打造合力型公共服务平台

服务业集聚区公共服务平台的建设，需要将有限的社会资源进行合理的重新调度，最大限度地利用和共享信息、设备、技术、材料、人才等资源，提高运营效率和服务水平。在创新平台方面，可以借鉴深圳等地的经验，由政府引导企业、高校、科研院所、行业协会等共同参与，集成不同行业、学科、部门

的仪器设施、网络设备等硬件环境及人才、制度等软件环境的各类科技资源，围绕产业对共性和关键技术的需求，提供全流程科技活动服务，合力打造公共服务平台；在人力资源、投融资平台方面，可以借鉴上海等地的成功做法，通过集聚政府政策企业需求信息、社会资金、各类人才等资源，优化环境，强化服务，切实解决资金和人才瓶颈的问题。

（三）政策扶持、多元投入，打造动力型公共服务平台

各地公共服务平台建设和发展的实践表明，有力的扶持政策是平台有序构建的重要动力之一。杭州市要立足服务业发展需求，针对平台建设的特点，进一步制定完善扶持和规范平台发展的政策体系，在平台建设中加大在财政、自主创新、科技研发、经营管理和人才等方面的投入和扶持力度，支持和引导民间资金等社会资本进入平台的建设和运营，为平台发展提供动力。可以借鉴山东济南等地的经验，联动科技创新、知识产权、人力资源、投融资、综合协调等服务平台，重点面向高成长性、科技型中小企业，针对扶持资金使用、信用担保体系建设及风险补偿等方面，制定完善以财政投入、税收优惠、要素保障等为内容的扶持政策体系，鼓励和引导各类优质资源要素向服务业集聚区公共服务平台汇聚。

第四节　杭州市服务业集聚区公共服务平台发展思路

一、总体思路

深入贯彻落实科学发展观，根据系统集成、优化配置、共建共享的要求，以满足服务业集聚区企业的共性需求为导向，秉承“共享、适用、创新、公益”的理念，高质量高标准建设企业孵化服务平台、技术支撑服务平台、风险监管服务平台、知识产权服务平台、人才培训服务平台、投融资服务平台、数据共享服务平台七大平台。致力于构建布局合理、特色鲜明、功能完善、运转高效、资源共享的物质和信息保障服务系统，为满足服务业集聚区企业的关键共性需求与特定个性需求，营造公平、诚信、创新、开放的企业发展环境提供有效的基础设施保障和条件支撑。

二、建设原则

（一）需求主导、突出重点、稳步推进

紧密结合服务业集聚区内企业的实际情况，根据企业所必需的各类资源的需求，逐步完善服务业集聚区企业所需的公共服务平台建设。

（二）统筹规划、整合集成、避免重复

服务业集聚区同一类公共服务平台的建设要形成统一规划，明确各自的功能定位，避免平台重复建设，减少资源浪费。

（三）政府引导、市场运作、资源共享

坚持政府引导和社会参与相结合，非营利服务与市场化服务相结合，充分利用、整合、发挥现有服务业集聚区内有关平台的网络基础、业务系统等资源，实现社会服务资源开放共享与统筹规划。

三、建设目标

充分发挥服务业集聚区内现有服务平台的作用，用3—5年时间，在文化创意产业、信息与软件业、金融服务业、现代物流业集聚区内建立、充实和完善一批公共服务平台，满足集聚区企业发展需求；重点培育一批运作规范、支撑力强、业绩突出、信誉良好、公信度高的示范服务平台，增强集聚区整体竞争力。

四、运作模式

针对平台的不同性质，设立不同的运作模式，大致可分为三种类型。一是具有公共性和营利性的平台通过政府资金引导，吸引社会资本参与建设，如数

据共享服务平台、企业孵化服务平台。二是对于投资巨大、风险高、专业性强的平台由政府通过贷款贴息、项目补贴等方式，以龙头企业为主导，鼓励多家企业共同投资建设，如技术支撑服务平台。三是对于公益性很强的平台，由政府投资，政府通过申报评审或招投标选择平台的设计、建设和运营机构，并对整个过程进行监管，如知识产权服务平台、投融资服务平台、人才培训服务平台、风险监管服务平台。

五、建设设想

为构建服务业集聚区内完整系统的公共服务平台，提出基于产业生命周期的服务业集聚区公共服务平台建设设想。

初创期平台建设：初创阶段产业亟须产业化技术的开发及相关人才的培养，为满足这一时期产业发展需求，可构建以技术支撑为重点的创意研发平台、信息与软件技术研发平台、人才培养平台。平台构建以政府财政投入为主，引导科研院所、高校采用灵活的非营利机构组织形式，进行社会化运作。

成长期平台建设：成长期阶段企业的知识产权保护、融资问题日益突出，需要联合建立知识产权、投融资服务等平台。同时，该阶段不同类型的集聚区产生了对平台建设的个性需求，如金融服务业集聚区，需要建立风险管控服务平台；现代物流业集聚区，需要建立物流信息服务平台。

成熟期平台建设：成熟期阶段，根据产业需求变化，调整和完善公共服务平台的体系、管理和运行。尤其要完善平台的治理结构，对运营机构进行有效的监管和绩效考核，建设主体和运营主体逐步进行调整，由政府主导建设运营逐步向企业主导建设运营转型，不断完善平台的运营机制，加强平台加盟服务机构及其服务领域的动态管理。

衰退期平台建设：对于处在衰退期的行业，视行业价值采取不同的方式。对于还存在一定价值的行业，对现有公共服务平台通过创新服务延缓其衰老；对于已经没有价值的行业，及时终止公共服务平台相应功能以节约资源。

不同产业生命周期阶段对应构建的平台类型和构建主体如表 8–1 所示。

表 8-1 基于集聚区生命周期的公共服务平台建设思路

产业周期 平台建设	初创期	成长期	成熟期	衰退期
平台类型	技术支撑平台（创意研发平台、信息与软件技术平台）、企业孵化服务平台	知识产权服务平台、投融资服务平台、风险管控平台、数据共享平台、人才培训服务平台	前两个时期所有平台的优化升级，包括平台的体系、管理和运行	平台的服务升级或者功能削减
建设主体	政府有关机关、园区管理机构	政府有关机构、高校、龙头企业、行业协会	建设主体需要依据实际情况做出调整	建设主体需要依据实际情况做出调整

第五节 典型公共服务平台主要任务

一、企业孵化服务平台

牵头组织相关专家学者，为集聚区内初创企业提供咨询，解决初创企业在企业管理和产业发展中面临的个性和共性难题。连接高校院所，帮助在孵企业便捷地利用高校院所的研发、试验和培训资源，与高校院所建立产业化合作关系。利用孵化器掌握的资源和信息，建立产品中心，协助各创业企业复用、共建产品销售渠道。促进集聚区内创业企业之间的交流，以及创业企业和外界的沟通。指导各创业企业熟悉各相关政府主管部门的办事流程，学习掌握相关政策法规。

二、技术支撑服务平台

整合集聚区内的研发中心，组成新产品研发系统，促进研发中心间的资源共享技术交流合作。引进具有一定资质的分析测试中心和行业机构，提供系统可靠的检测服务。制定集聚区内大型设备共享协作管理办法，建立管理运行网站，对集聚区内企业的大型仪器进行整合集成和有效配置，实现资源的协作共享。完善集聚区内技术研发中心的建设，开展前瞻性、基础性和关键技术的研发，开展合作研究和委托研究，推动建立产业间的技术联盟。围绕集聚区企业发展部署专业技术平台，形成系统和完善的专业技术服务链。联合高校、科研院所、海内外科研机构的技术转移中心、企业和投资机构形成技术转移网络；联合从事国际技术转移的知名机构、全国技术市场、技术成果评价、交易、仲裁、知识产权保护等机构组成完善的技术转移中介服务体系，使平台成为技术与产业的桥梁。

三、知识产权服务平台

开发知识产权信息发布系统和咨询系统，提供知识产权信息资源在线查询、跨系统数据库查新检索等服务，建立健全知识产权信息收集、分析、发布和反馈的机制。探索建立政府扶持、社会参与的知识产权法律援助制度，为用户提供优质高效的法律服务。完善知识产权预警机制，针对重点行业、重点企业、重点技术、重点科研项目领域和出口产品，扶持引导企业公平参与国际竞争。加快完善知识产权培训体系，依托高校、专业培训机构、知识产权代理公司、律师事务所等单位对集聚区主管部门干部、企业负责人等有关人员进行业务培训。

四、风险监管服务平台

建立监管信息交流制度、信息共享机制，加强监管部门合作，建立杭州市金融风险预警体系和重大风险应急决策处置制度，加强对单个金融机构和系统性金融风险的监控与及时处置，探索金融控股集团监管新路子。成立信用信息服务行业协会，加强行业自律。加强征信市场监督管理，建立对信用评级机构、评级结果事后的评价制度，引入市场化的征信机构筛选机制。加快征信规章建设，健全失信惩罚机制。

五、人才培训服务平台

依托行业协会或社会化培训机构、实训基地，致力于培养高素质、专业化的文化创意、信息与软件、金融、现代物流服务业的人才队伍，开展技术交流、技能培训、国内外合作与交流等活动，扩展培训覆盖面。提供适应集聚区企业运营管理、财务管理、人力资源和领导艺术等方面的教程，努力提高管理者素质和水平。吸引社会化培训机构入驻服务业集聚区，建立集聚区公共实训基地，设立服务业人才培训基金，组建集聚区专家顾问团，加强集聚区内人员的职业培训中心和职业技能开发中心的功能建设。加大外向型培训力度，推进跨国公司在集聚区设立人才实践锻炼基地，设立专家学术休假津贴，实行专家学术休假制度，加强对外学术交流。

六、投融资服务平台

建立服务业集聚区企业征信数据库，公布企业信用情况，将信用评价、信用激励和约束机制结合起来，引入市场化运作，开展增值信息服务。及时发布服务业集聚区内企业的资金需求信息、重大高新技术成果转化信息、创业投资信息、企业信用信息及金融信贷政策等信息，促进研发机构、企业、银行、投资机构交流信息。与金融监管部门合作，逐步探索设立专业金融服务公司等新型金融机构。构建高效率、低成本、可信赖的担保通道，吸引银行贷款，解决初创型企业的贷款难问题。研究设立上市融资辅导中心，为企业在海内外证券市场上市融资提供便利。组建创业投资俱乐部，为创业资本退出提供快速直接的信息与服务。

七、数据共享服务平台

建立特色数据库，实现国内外各相关专业数据库的目录导航，建立行业在线分析系统，为集聚区内企业用户提供数据共享、数据分析服务。加强网络功能开发，畅通数据信息渠道，提供有关政策法规、技术、管理、市场及其他信息服务，提供专题信息检索、企业专利战略制定、专利及科技项目检索查新服务。统一数据中心平台，为各个网站提供数据存储、数据服务，形成统一的网站信息数据中心，促进信息共享。构建和完善政府、协会、企业、社会共同参与的产业信息管理平台，实施形象展示、信息数据汇集统计、项目申报、业务处理、资质管理和信用征信体系建设等方面的大融合。

第六节 服务业集聚区公共服务平台发展的对策建议

一、注重规划引领，营造良好环境

加强规划统筹。建议由市服务业主管单位牵头，研究制定全市服务业集聚区公共服务平台建设规划，明确全市服务业集聚区公共服务平台建设的总体思路、重点任务、重大项目、扶持政策、配套资金等系统性工作。出台关于全市服务业集聚区公共服务平台建设的实施意见，作为平台建设的指导性文件。同时，加强规划指导和措施保障，制定年度计划及实施细则，进行任务分解，确保有效落实。

健全工作机制。可考虑依托市服务业主管单位，设立公共服务平台建设工作推进办公室，具体负责协调平台建设各项事宜，不断完善平台建设的长效机制。同时，进一步明确工作职能，充分发挥推进办公室成员单位及平台建设和管理单位的工作积极性，齐抓共管、多方联动，切实加强对平台建设的综合协调和宏观指导。

营造良好氛围。充分利用报纸、电视、电台、网络等媒体，提高对平台建设宣传报道的覆盖范围。以市相关部门举办的有影响力的服务业论坛、展览会为契机，积极宣传报道服务功能完善、服务业绩突出的公共服务平台，树立一批样板平台，积极发挥其示范带动作用，为平台建设营造良好的社会氛围。针对公共服务平台建设，各级各部门要进一步简化审批程序，切实提高服务水平。

二、拓展平台功能，促进共享合作

扩展平台服务功能。针对企业的现实需求，以科技创新、质量技术服务及人才与资金引进为重点，逐步扩展服务业集聚区公共服务平台的服务功能。把平台服务链条延伸到技术研发、产品设计、管理咨询、市场营销、技能培训、信息咨询、设备共享、创业辅导、人才引进与培育、融资担保、知识产权、贸易纠纷应对、质量检测、行政审批等多个领域，形成全方位、多层次的服务体系。

聚焦平台服务范围。面向全市不同类型的服务业集聚区，有针对性地建设专业性的服务平台，防止重复建设和服务资源浪费，逐步提高平台的资源共享水平。依据平台建设规划，按照不同服务层级，提高平台的辐射带动能力。

提高平台共享水平。建议由市服务业主管部门牵头，建立平台重大公共资源购置联合评审制度。通过开放实验室、专业化设备共享与租用等多种形式，满足企业的多样化需求，提高公共服务资源的利用效率。加强平台之间的合作，建立完善服务业集聚区公共服务平台的协同服务机制。通过合作、共建等方式，加强服务业集聚区公共服务平台与国家级平台、省级平台及市级其他平台的有机衔接，实现各层级平台的良性互动。

三、坚持建管并重，优化运作机制

探索平台建设方式。加强产学研联合、科技金融结合等模式创新，加快推进技术支撑、知识产权、人力资源、投融资等服务平台的融合进程，不断提升平台的建设水平、服务容量和服务技能水平。支持各平台与在杭高校、科研院所、行业协会、专业性服务机构、企业等社会创新服务资源与平台服务机构加强对接，开展技术合作，增强专业化服务能力。支持市与区、县（市）联动，合作共建平台。鼓励外商及民间资本以合资、合作、入股等方式，参与平台建设。

创新平台运作模式。着眼于横向联合和纵向延伸，不断拓展平台运作的新模式。第一，依托五大平台领域的骨干平台，组建区域性或跨区域、行业性或跨行业、综合性或专业性等多种类型的公共服务平台联盟和“一站式平台”，促进联盟内成员单位交流合作，拓展发展空间。第二，基于骨干平台，联合地方单位，支持在相关行业、领域和区、县（市）建立子平台，突破主平台的地理局限，借助参与单位的各种资源，使平台的服务空间更加广阔，服务领域更加深入。第三，以行业龙头企业为建设和运营主体，联合行业协会、科研机构、人才中心、金融机构等单位，实现共建共享。第四，由政府制定相关优惠政策，遴选出优质建设和运营主体，引导其他相关机构加盟，共建共用服务平台。

完善平台发展机制。坚持“谁服务、谁受益”的原则，采取灵活多样的整合方式和共享模式，建立增量资源激活存量资源的共建共享机制、分工协作的协调保障机制、服务收益合理补偿的共同发展机制、以公益服务为主的滚动发展机制、以共享为核心的激励机制等一系列平台发展机制。建立健全服务业集聚区公共服务平台的管理体系，实现对平台建设和运行服务全过程的规范管理，促进平台高效运营、健康发展。

四、加强示范推广，完善监测激励

打造示范平台。研究制定服务业集聚区公共服务平台的建设和管理标准及认定和评选办法，推动各地、各部门公开申报，并组织专家评审。对认定的公共服务平台，有关部门对其统一授牌。重点支持在文化创意、信息与软件等领域建设一批研发设计、检验检测、技术推广、知识产权、人才服务、投融资服务等公共服务平台。加强省级、国家级平台的申请认证工作，重点培育一批运作规范、业绩突出、信誉良好的市级、省级、国家级示范平台，以点带面促进全市服务业公共服务平台的整体建设水平。

建立监测体系。建设服务业集聚区公共服务平台建设情况的定期统计制度，加强数据分析及平台之间、城市之间的比较分析。加强平台建设和运行情况的日常监测预测，及时掌握平台发展动态，及时总结经验。市及区、县（市）两级政府要加强统筹协调，做好对重点平台的跟踪服务工作。同时，要加强与平台建设单位和运营单位的沟通协调，对平台发展中遇到的困难和问题，及时发现，妥善解决。

完善激励机制。研究制定服务业集聚区公共服务平台考核办法，调动各方责任单位的工作积极性，激励优质平台加快发展，引导全市平台有序建设和规范运行。立足杭州市服务业集聚区实际，切实制定平台测评标准，明确评估方法、实施流程、指标体系和结果应用导向。采用内部自律、委托第三方测评与社会公开测评等多种评价手段相结合的方式，定期开展对服务业集聚区公共服务平台的评价工作，推动平台接受社会监督。

五、增强服务能力，扩大社会影响

提高服务水平。支持平台根据自身的特点和优势，开发具有竞争力的专业化服务产品，打造核心服务能力。坚持鼓励发展和规范服务相结合，职能部门及受委托的专业机构，综合运用实地指导、召开现场会、开展专题培训等多种形式，促进平台不断增强服务意识，积极拓展服务对象，努力规范服务收费、项目运作、服务流程等业务行为，持续完善各项服务管理制度，培育服务品牌。在优化服务的过程中，提升平台的自身素质，实现快速发展。

加强队伍建设。公共服务平台的建设、管理和服务，对人员素质要求较高。要通过全市各大人才流动通道，着力引进平台建设和运营所需要的创新型、复合型、实用性人才。重视本地化专业人才的培养和稳定问题，依托在杭高等院校、科研机构及骨干企业，深入挖掘一批胜任的平台工作人才和工作团队。同时，要积极加强平台工作团队内部人员的定期培训，建立服务绩效考评与奖励等制度，不断提高队伍的整体素质。

开展交流合作。建立全服务业集聚区公共服务平台定期交流机制，组织实地考察，交流、学习平台建设和管理的先进经验，促进各平台间信息、人才、资源的交流与合作。同时，也要加强平台服务机构的国际交流与合作，学习借鉴有效的经验和做法。开展平台的对外推介工作，让企业更多地了解并能借助平台提升产品质量和管理水平，增强利用平台的主动性、自觉性和信任度，不断提升平台的公信力、知名度和美誉度。

六、夯实平台基础，实施重大项目

推进重大项目。做好前期调研，面向公共服务平台建设的重点环节和关键领域，加强整合要素资源，围绕数据库、大型实验室、科技攻关、信息管理系统、队伍建设等主要内容，尽快梳理出一批对平台建设促进作用显著、综合效益明显的重大项目，为平台建设提供有力的抓手。按照“建设一批、储备一批、谋划一批”的思路，滚动储备，严格按照结点计划，有序实施。建立完善平台重大项目的审批“绿色通道”，进一步推行投资项目审批代办制，形成项目推进的合力。

加强项目监管。以资金管理为纽带，加强对重大平台项目的监督管理。探索平台项目资金投入方法，支持和鼓励平台通过项目招标等方式获取支持资金。市服务业主管部门会同相关职能部门，对获政府性资金支持的项目，就实施进度、经费使用、完成情况、绩效实现等内容加强监管，定期出具监管报告，适时优化、动态调整项目。对未达到计划任务要求的项目，视具体情况，相应地给予责令限期整改、停拨经费、撤销立项等处理。

第九章

杭州市服务业集聚区发展政策创新

集聚发展是全球服务业发展的重要趋势。服务业集聚区通过地理空间的集聚实现资源共享，降低企业交易成本和商务成本，对提升服务业发展质量和城市功能具有重要意义。为进一步提高集聚区发展质量，加快构建更加合理的集聚发展格局，结合杭州市服务业集聚区发展实际成效，以现实问题为导向，提出集聚区相关政策创新的主要方向和着力点，为推动杭州市服务强市建设提供政策意见。

第一节　服务业企业经营生态分析

为切实了解杭州服务业集聚区企业经营状况和发展中存在的问题，通过走访服务业集聚区内企业，与企业负责人进行结构性访谈，结合杭州市统计局的调查数据，从企业经营情况、发展瓶颈、政策需求等方面对服务业企业的经营生态进行分析。

一、服务业企业的经营情况

（1）服务业企业的投资动态突出表现为进度放缓、资金减少和投资外迁。调查显示，投资进度方面，部分企业投资项目受成本压力、市场因素等影响，对后市信心不足，现场施工进度明显放缓，有 20% 左右的企业由于各种原因，实际建设进度滞后于预定投资计划；投资资金方面，仅有 10% 的企业计划追加投资，25% 的企业预计投资保持基本不变，25% 的企业表示投资将略有减少，近三成企业预计投资大幅度减少，预示接近半数企业在未来两年投资将出现下滑的态势；投资外迁计划方面，随着杭州土地成本、用工成本的不断上涨及节能减排的限制，约有二成企业有外迁市外及省外投资计划，预计将来有更多服务业企业搬迁异地。

（2）服务业企业的经营态势呈现利润率下降、亏损面扩大、部分行业发展放缓、新兴行业实力不强等状况。2014 年上半年，全市规模以上生产性服务业企业营业收入利润率为 17.5%，比上年同期下降了 1.9 个百分点，其中，交通运输、仓储和邮政业利润率为 5.9%，租赁和商务服务业为 7.0%。全市规模以上生产性服务业企业亏损单位共有 1471 家，亏损面达 41.7%，其中，信息传输、软件和信息技术服务业亏损面为 58.7%，租赁和商务服务业亏损面为 44.4%。特别是小微企业发展状况更不容乐观，全市规模以上生产性服务业企业营业收入小于 500 万元的小企业占总数的 43.2%，亏损面高达 57.4%。全市高技术服务业总体保持较快发展，但增速仍有回落，其中信息服务和电子商务服务业延续调整转型态势，研发与设计服务业、环境监测及治理服务业、检验检测服务业收入增速分别低于全市高技术服务业增速 36.3，13.7，11.5 个百分点。高技术服务业中，信息服务和电子商务服务业占较大比重，而其他如环境监测及治理服务、检验检测服务、知识产权及相关法律服务、研发与设计服务等行业占比较小，营业收入仅占 4.2%，发展速度较慢，总体实力有待加强。

（3）服务业企业面临项目推进难、融资难的发展瓶颈。由于国内外经济形势较为低迷，部分企业普遍面临出口下滑、盈利缩减、成本上涨、资金紧张等情况，部分企业对投资较为谨慎。在项目推进过程中由于资金筹措困难、原材料价格与人工成本上涨及征地拆迁难，加之行政审批效率不高、配套基础设施建设不完善等原因，导致项目推进缓慢。有 15% 左右的企业投资项目到位资金小于当年计划投资额，表明项目投资的融资难度有所提高。

二、服务业企业的问题分析

（一）企业主体的动力机制不足

一是市场需求的制约。服务企业与市场直接相联，市场需求是服务企业的主要动力。当前由于消费需求不足、企业成本（劳动力成本、融资成本）持续上升、国家税费负担压力过大等影响，导致社会总投资包括民间投资意愿大幅降低。近年来，杭州民间投资增速较快，主要是因为房地产业收益宽幅很大（收益宽幅是指房地产投资回报率与银行存款利率之差），使得大量民间资本向房地产业集聚。其他行业，民间资本转化为产业资本的机会并不多。二是收益预期的制约。理性预期学派认为，经济当事人为避免损失和谋取最大的利益，总是设法利用一切可获取的信息对经济变量在未来的变动趋势做出预测，并采取相应的行动。当前，社会各界对未来经济发展预期较低，如企业家信心指数低迷。另外，合意的预期收益率是激励服务企业主体进行经营活动的必要条件，市场中的投资主体对于未来预期收益大大降低，在低投资回报率和市场风险增大的预期下，企业主体的动力必将不足。

（二）资本生成的运行机制不畅

一是金融体制的制约。信贷是解决企业融资的一种典型方式，资金供需双方通过银行完成资金的转移，但是无论是在观念还是体制上，现行的金融制度仍未摆脱传统的束缚，银行对民营企业的融资支持力度不如国有企业，对中小微企业的支持不如大企业。大量的小微服务企业仅靠自身资金积累难以实现长足发展。二是信用制度的制约。市场经济是以信用制度为基础，通过信用机制把货币资本转化为产业资本，实现资本循环扩大再生产，如股权融资、债券融资、股票融资等。而民营企业人格化的交易阻碍了信用制度的建立，在制度缺失和信息不对称的情况下，极易发生道德风险。虽然杭州为解决信用缺失、促进资本生成，积极培育担保和再担保的公司，但仍然难以满足企业的发展需求。民间资本具有分散性、逐利性及避险性特征，关键要对其进行有效的投资管理，将其真正转化为投资资本，而资本生成的运行机制不畅，直接导致民间资本的供给与需求严重错位。

（三）服务企业的竞争能力不强

一是创新能力的制约。创新是企业的生命，也是企业赖以生存的支柱和持久发展的动力，更是提高企业竞争力的关键所在。如果企业主体创新能力不足，就难以形成有效的竞争。《杭州市第二次全国 R&D 资源清查主要数据公报》显示，全市私营企业中有 R&D 活动的企业数只占到 9.4%，远低于全市 12.6% 的平均水平。二是创新精神的制约。企业只有通过规范化治理，才能在市场经济竞争中立于不败之地。而要进行规范治理就需要企业决策者不断进行制度创新，提高管理水平，专注于企业的长期发展。马克思认为资本家之间的激烈竞争是促使他们不断投资扩大再生产的外在压力。竞争可以迫使企业提高投资和生产效率，以保证在市场上的优势地位。一旦企业家精神缺失，必将难以承受激烈的市场竞争，而将更多的资金投入非实体领域。

（四）民间投资的协调机制不灵

一是利率政策的制约。利率是政府调控民间投资规模和发展速度的一个重要手段。发达国家利率市场化和约束机制比较健全，使利率成为重要的经济变量，而我国非市场化的利率政策不能真正引导投资，难以真正起到调节作用，利率也不能真实反映货币市场的供求状况。如在银行借贷严格管制下，民间融资利率迅速提高，急需资金的中小微企业只能转向民间高利贷和“影子银行”（即小额贷款公司、担保公司、典当行等）。二是市场准入的制约。随着各项扶持政策的相继落实到位，杭州市服务领域不断拓宽，服务企业参与渠道也逐渐增加，但从实际情况看，部分高回报的垄断行业、社会事业、基础设施和公共服务等领域依然存在市场准入障碍，服务企业尚难进入或涉足。政府通过产业政策、税收政策等对服务企业进行合理控制，使其能均衡发展，但由于利率政策不到位、市场准入严格控制、税收压力过大等原因，协调机制有待发挥更大作用。

三、服务业企业的政策需求

（一）服务企业的政策调研[1]

通过问卷方式对统一抽中的杭州市 639 家服务业小微企业的经营情况进行了调查。调查企业中，营业收入超过 2000 万的企业有 11 家，营业收入在 1000 万—2000 万的企业有 40 家，营业收入在 500 万—1000 万的企业有 149 家，营业收入在 500 万以下的企业有 439 家，分别占调查企业总数的 1.7%，6.3%，23.3% 和 68.7%。调查显示，杭州市服务业小微企业发展总体平稳，但企业关于“加大政策扶持及落实力度”“减免税费”和“加强引导和市场开拓”等政策诉求较强烈。

表 9-1　小微服务企业政策诉求调查表

序号	企业的政策诉求	占调查企业比例（%）
1	加大政策扶持及落实力度	61.7
2	减免税费	61.5
3	加强引导和市场开拓	22.8
4	加强行业监管，营造公平竞争的市场环境	17.8
5	进一步加大公共服务力度	12.7
6	专业人才引进和培训	12.2
7	拓宽融资渠道	9.2
8	规范和指导企业管理	8.1
9	其他	1.3

（二）服务企业的政策期盼

1. 企业准入破除“空白案例”

随着《关于鼓励和引导社会资本参与基础设施建设的实施方案》的出台，24％的企业认为该政策将大大推动社会资本投资基础设施建设，近一半的企业认为将有部分社会资本会投入基础设施建设，25％的企业预计社会资本投入基础设施建设的力度不会过大。从杭州的实际情况看，余杭等区域民间资本

[1] 说明：文稿采用杭州市统计局的调查数据。

进入基础设施建设还处于空白期，还未产生有效案例。尽管江干区的基础设施投资已经引入了 BT，BOT 等方式吸引民间社会资本参与其中，但由于社会资本的获利前景不明朗，很多社会资本仍驻足不前。36％的受访企业认为民间投资准入机制尚不够明确，准入范围仍有待扩大。企业普遍期盼，实施非禁即入原则，进一步明确民间资本的准入条件，基本政策明确将大大推动社会资本投资基础设施建设。

2. 行政审批推行“合二为一”

八成企业表示审批内容较多较繁琐，其次是审批时限过长。四成企业认为，审批部门间要求不一致，较难一一满足。企业普遍希望继续完善杭州市的投资项目审批流程，如归并整合行政审批职能，推行投资项目审批代办制，大力推行网上审批，全面落实行政审批首席代表制度，强化中介结构监督等。杭州近年来，不断改革投资项目审批制度，简化项目审批内容，提高项目审批效率，其中，市级投资项目审批全流程再造受到企业欢迎。如简化项目建议书、可行性研究报告审批环节；建设工程项目方案设计、初步设计实行“合二为一”审批；规范简易审批、免予审批项目和备案管理。此外，实行房屋建筑工程项目联合竣工验收房产发证、规范简化建设项目工程规划许可证前置条件、加强投资项目审批中介服务管理受到企业关注与好评。

3. 扶持政策有待“广而告之”

在问及最期盼政府出台哪些扶持政策时，八成企业希望出台对企业的金融扶持政策，七成企业希望出台相关抵扣税政策，六成企业希望简化项目审批流程。而对企业投资决策产生较大影响的政策依次为：投资优惠政策、税收政策、土地供应政策等。此外，四成企业认为银行信贷优惠政策及相关行业投资促进政策将影响企业的投资决策。更为重要的是，扶持政策尚需宣传，近两成企业对政府出台扶持政策知之甚少。如对 5 项扶持企业发展政策的知晓度（①“四换三名”②“雏鹰计划”③“青蓝计划”④“蒲公英计划”⑤个转企、小升规、规改股、股上市）中，“四换三名”政策知晓度最高，其次是“个转企、小升规、规改股、股上市”，仅有三成企业表示了解“青蓝计划”。

第二节 服务业集聚区政策需求调研

通过走访不同行业的 31 个服务业集聚区，掌握和了解杭州主要服务业集聚区的困难与诉求。需求调研显示，不同类型的服务业集聚区所面临的问题不尽相同，甚至差别较大，对政府政策的期盼也存在一定的差异。因此，将服务业集聚区分为不同类别（表 9–2），分析其困境及对政府政策的期盼。

表 9-2 服务业集聚区类别

序号	集聚区分类	集聚区名称	集聚区数量（家）
1	创意产业园	西溪创意产业园、之江文化创意园（凤凰·创意国际）、山南国际创意产业园、西溪艺术集合村、和达创意设计园、聚落 5 号创意园、白马湖生态创意城	7
2	物流集聚区	杭州空港物流园、传化物流园、机场物流园区、桐庐大运物流园、杭州农副物流中心	5
3	旅游综合体	杭州云石生态旅游集聚区、山沟沟乡村旅游综合体、良渚文化旅游休闲区、湍口"温泉风情小镇"	4
4	商务集聚区	复兴国际商务广场、桐庐迎春商务区、东方电子商务园、钱江世纪城总部经济集聚区	4
5	科技城（产业集聚区）	新加坡杭州科技园、浙大网新、杭州数字娱乐产业园、未来科技城（海创园）、东部软件园、青山湖科技城	6
6	特色街区（综合体）	湖滨（南山路）综合体、清河坊·南宋御街、小营街道	3
7	专业市场	浙江金恒德汽车物流广场、浙江纺织采购博览城	2

一、创意产业园的政策诉求

主要通过对西溪创意产业园、之江文化创意园（凤凰·创意国际）、山南国际创意产业园、西溪艺术集合村、和达创意设计园、聚落 5 号创意园、白马湖生态创意城 7 个服务业集聚区的调研，对各园区的主要困难和政策诉求进行了梳理。

（一）困难

1. 租赁模式蕴含企业外迁风险

物业租赁供给形式存在不足，如山南国际创意产业园由政府统一开发物业，引进企业和其他主体入驻，所有物业均以租赁形式供给，主要适宜于机构的阶段性置业需求。对于有长期发展需要置业的企业，租赁模式加上空间规模较小，容易造成企业做大后即外迁的风险。之江文化创意园在“退二进三”体制中所涉及的用地性质问题复杂，改建成本较高。西溪创意产业园存在办公空间依然不足等问题。

2. 人才结构影响企业发展后劲

创意园普遍反映人才结构不尽合理，艺术、技术类的专业人才多，综合管理型人才少；初级产业人才多、高精尖人才少；流动性人才多、真正扎根留下的人才少。如之江文化创意园人才集聚与储备主要依靠中国美术学院等周边高校相关专业人才的就地转化，以及当地文创企业主动引进、培训人才，人才集聚效应十分有限。西溪创意产业园集聚区则反映名人培育难度很大。

3. 容量配套抑制园区发展规模

山南国际创意产业园地处景区，现有的物业容量已不能满足招商需要，而各类用地在规划审批、建设程序等多方面存在诸多限制，影响集聚区建设与发展的进度。之江文化创意园在引进企业中，配套薄弱成为企业落地的瓶颈要素，出行不便一定程度上造成入驻企业员工出行难、商务难、租住难，尤其是生活相对不便，创业人员难以长期安心在园区工作、生活。白马湖生态创意城反映创意城配套离产城融合的标准及入驻企业的要求还有较大的距离，环境配套亟待进一步提升。

4. 关联不高降低产业集聚效应

产业发展目标缺乏长期性、持续性、可行性的规划，入驻白马湖生态创意城园区的文创企业以初创型的中小规模企业为主，缺乏行业领军型、支柱型企业，且企业间上下游产业链关联度不高，产业集聚效应难以发挥。之江文化创意园认为园区没有形成规模化、品牌化的优质文创企业。西溪艺术集合村则认为尚未形成鲜明的集聚区特色。

（二）诉求

1. 扶持服务平台

之江文化创意园建议，企业享受园区公共服务平台中的服务一般是免费或成本价，这对平台的持续运营带来了不小的压力。针对服务业集聚区在发展过程中搭建的企业公共服务平台，希望政府能够持续、分阶段地对运营效果比较好的公共服务平台进行资金的补助。

2. 搭建交流机会

杭州之江文化创意园希望政府能够举办更多服务业集聚区所属企业层面的有关产业活动，为企业多搭建与市场对接的服务平台，设立更多展示销售空间，提供更多企业交流、沟通的机会。西溪艺术集合村建议定期举办推介会，便于行业间交流。

3. 加大培训范围

定期组织集聚区一线人员对相关专业知识、行业前沿信息、扶持政策进行学习。

4. 强化名人管理

出台一些名人名家管理制度，进一步发挥创意园入驻名人效益。同时，加强联系和资源对接，举办有影响力的名家活动，营造良好的文化氛围。

二、物流集聚区的政策诉求

物流集聚区具有基础性和公共平台属性，在承担城市功能模块中起重要作用。通过对杭州空港物流园、传化物流园、机场物流园区、桐庐大运物流园、杭州农副物流中心 5 个物流集聚区的调研，对物流集聚区所面临的困难与政策诉求进行了梳理。

（一）困难

1. 园区土地资金匮乏

空港物流园空间不足，允许建设区已严重不足，而且分布较散，与空港物流园用地的要求距离较大。用地指标十分紧张，按常规萧山区每年分配给新城的计划指标在 10 万平方米左右，这些指标只能用于基础设施项目建设，无法解决储备项目和产业项目需求。新城耕地补充后备资源缺乏，外购补充耕地指标十分困难。基本农田保有量较高，新城基本农田为 2631 万平方米，耕地为 3879 万平方米，物流园一期项目用地中包含基本农田 45.4 万平方米。机场物流园区建设资金缺口较大，机场建设投资大，周期长，单二期工程机场已有近 60 亿元的资金缺口。机场物流园区总投资近 20 亿元，单靠机场经营运作，实在难以支撑如此之大的投资。大运物流中心也出现融资困难。

2. 配套建设面临缺口

随着物流园项目竣工投产，企业正式运营，带来了高能耗、大流量、多人口等诸多问题。空港物流园提出需要及早考虑交通、电力、居住、医疗、教育、餐饮等各类配套建设。杭州农副物流中心区内每日车流量、人流量日趋增大，道路基础工建配套滞后于市场的发展，城市环境卫生问题严重，特别是各大批发市场周边，运输车辆停放问题很突出，需加强城市化建设管理。

3. 缺乏品牌企业入驻

杭州农副物流中心虽然已拥有多个大型专业市场、企业，但仍缺少世界级、国家级重点企业和百强企业入驻，要扩大招商力度，落实招商引资政策，吸引大集团、大企业入驻集聚区，以提升整个集聚区总体水平和知名度。

4. 物流车辆手续繁琐。

桐庐大运物流中心反映，物流车辆同城配送，进杭城办理手续费时，物流车辆运管部门检测手续烦琐、操作困难。

5. 综合交通体系缺失

机场现有进出交通方式单一，多式联运体系建设滞后，难以支撑未来庞大的客货流。杭州地铁二期规划正式获批于 2019 年底前建成的五条线路中，也未包含通达机场的地铁 7 号、12 号线。需要政府部门能给予重点关注，积极协调项目建设，适度提前机场地铁建设时序，加快打造机场综合交通枢纽。

（二）诉求

1. 整合空港物流资源

机场物流园区和空港物流园区均已列入杭州市现代服务业集聚区，两个物流园虽然地理位置接近，功能定位、设施布局、入驻企业相似，但投资、管理主体独立，运行机制不同，存在明显的“两张皮”现象，一定程度上造成了资源浪费和效率低下。建议由政府部门牵头，推动两个园区的资源整合和功能对接，提升综合竞争能力，促进空港经济协调统一发展。2009年国务院颁布的《民用机场管理条例》明确将机场定位为公共基础设施，强化了地方政府在机场投资建设、运营等方面的主导地位，希望政府部门能进一步加大对杭州机场物流园区建设发展的扶持力度，在服务业（物流业）引导、补助专项资金、税收减免等方面继续给予政策倾斜。

2. 改善物流通关环境

空港物流园希望市政府、海关等部门大力支持跨境电子商务进口试点落户保税中心，市政府协调，海关牵头，实现机场海关“大通关”。保税中心面临较大财务成本压力，希望财政部门加大资金扶持力度，通过财政拨款、贴息、政府入股等各类手段，为保税中心减压减负。随着联邦快递、顺丰速运、长龙航空等大型国际航空（货运）企业入驻机场物流园，对于搭建“大通关”口岸建设平台，实现海关、检验检疫等口岸部门在物流园区合署办公的呼声越来越高，希望政府部门能帮助呼吁，共同推进机场口岸建设。同时，深入推进实施机场海关双休日及夜晚预约通关，缩短“申报、查验、放行”时间，加快货物通关速度。

3. 出台相应保税政策

保税中心除了国家特有的政策功能优势外，只有省、市和区、县（市）三级对物流业优惠的相关政策和区内租金优惠政策，尚无其他针对性强的优惠扶持政策。建议在管委会的组织下，积极协调上级部门出台加快保税物流发展政策体系，优化保税物流发展环境，研究完善市场发展政策服务，从财税、工商、金融保险、口岸通关、检验检疫、仓储物流等方面系统优化市场运营环境。要围绕拓市场、调结构、增优势、促发展的目标，制定实施企业发展配套扶持政策，在市场开拓、产业升级、技术创新、减负增效、优化服务等方面继续给予更大力度支持，对物流企业扩容升级、外贸企业做大做强、营运中心培育等，给予专项政策扶持。

4. 扶持“公路港物流”

传化公路港希望能将“公路港物流”与铁路货场、港口、机场等交通基础设施布局统筹规划，优先保障落实公路港项目用地的土地指标，确保土地价格最低价供应，地价上给予工业用地基准价下浮一定比例优惠。同时确保公路港平台的唯一性，同地区不再设其他同类型物流平台。地方个性化财税减免政策出台时优先考虑公路港项目，在同等条件申报政府政策时，优先保障公路港项目，扶持其快速发展。

三、旅游综合体的政策诉求

主要通过对杭州云石生态旅游集聚区、山沟沟乡村旅游综合体、良渚文化旅游休闲区、湍口“温泉风情小镇”4 个旅游综合体的调研，对旅游综合体存在的问题和政策诉求进行了梳理。

（一）困难

1. 土地储备与利用困难

云石生态旅游集聚区呼吁，土地指标和储备较少，影响项目入驻和建设进度。山沟沟乡村旅游综合体则反映土地利用的困难，乡村旅游的发展必然要利用土地进行接待设施的建设，特别是民宿的经营，也需要搭建一些临时建筑进行配套，往往会违反“三改一拆”政策。因土地要素制约，影响三产项目的招商引资，如芦荻泉度假酒店项目建设推进严重受阻。湍口希望土地指标“退二进三”审批过程加快进度，加快服务业集聚区建设。

2. 基础设施建设相对薄弱

云石生态旅游集聚区距离城区比较远，基础设施建设相对薄弱，希望上级继续加大基础设施方面的投资力度，加快道路、供电、供气、供排水、污水垃圾处理、通信信息网络建设，提高承载能力。良渚文化旅游休闲区基础设施、公共服务设施等与发展要求存在一定的差距，镇财政财力薄弱，投入集镇基础设施建设资金严重不足。

3. 投资合法化及筹资问题

山沟沟乡村旅游综合体反映，民宿产业大部分是利用农民的自住房进行投资经营，由于消防等手续的办理存在困难，加上房产系租赁所有，导致投资无法合法化，也无法进行融资。旅游发展过程中很多资金都需要上级支持或者是依靠企业的自身筹措，特别是一些公共服务平台建设上存在很大的不足。

（二）诉求

1. 产权合法化

发展乡村旅游综合体，利用农民自住房进行投资经营的民宿产业能否产权合法化。

2. 空间拓展化

集聚区土地指标和储备较少，影响项目入驻和建设进度，企业普遍希望加大用地指标。山沟沟乡村旅游综合体认为，发展必然要利用土地进行接待设施的建设。

3. 融资便利化

山沟沟乡村旅游综合体鸬鸟镇属于经济欠发达乡镇，资金问题突出。良渚文化旅游休闲区近期的建设中，农村生活污水工程建设投资额较大，除区政府承担部分补贴费用外，街道也需要投入较大部分资金，如已实施的纤石、良渚、石桥农村生活污水工程，街道已投入约2000万元，资金压力较大。

4. 招商科学化

良渚文化旅游休闲区反映，在引进文创产业企业时，缺乏一套比较科学、全面的评估标准，让街道可以更好地择优择强，选择引进一些有潜力的文创项目。云石生态旅游集聚区反映招商引资难度大。为了加大招商引资力度，保障产业集聚区发展活力，希望能对集聚区企业给予更大力度的政策配套优惠，增强吸引力，以商招商，提高集聚区发展后劲。

四、商务集聚区的政策诉求

通过对复兴国际商务广场、桐庐迎春商务区、东方电子商务园、钱江世纪城总部经济集聚区4个商务集聚区的调研，对商务集聚区存在的困难和政策诉求进行了梳理。

（一）困难

1. 产权分散加大产业培育难度

由于商务区房屋产权过于分散，权属复杂，办公用房和居住公寓混合销售，给产业的培育和集聚带来很大困难。加上大部分是毛坯房，而入驻的企业大部分为中小企业，给项目落地带来很大难度。如桐庐迎春商务区，商务集聚区资源产权过于分散，政府在培育过程中，工作开展难度很大。复兴国际商务广场现有写字楼中除凤凰城是开发商自持招租外，其余的大名空间、钱江国际商务中心、太和广场等都是出售为主，而且个人投资者购买比例很高。现有的产权过于分散的状态对落实业态策划、提升综合体品质不利，导致商业打造零散，没有形成氛围。

2. 功能不全弱化商业氛围形成

由于商务区当前正处于楼宇经济培育的起步阶段，尽管楼宇的硬件已基本建成，但在楼宇经济发展的氛围、人气集聚、对外影响力等诸多方面还有待不断提升。复兴国际商务广场集聚区由于综合交通便利性欠缺影响商业氛围，表现在之江路将复兴商务广场与钱塘江江边隔开，作为城市交通主干道，因车流量大，可能导致无法有效利用江边绿地和码头。钱江路延伸段横穿商务广场内部，把整个商务广场切割成两半，阻碍了商务广场内部的通畅性，不利于商务广场品质的提升。综合交通便利性尚有欠缺，复兴国际商务的公交停车站、公共自行车点等公共交通设施还有待进一步完善。

3. 招引品质限制商务增长潜力

商务集聚区普遍反映好项目、大项目招引难。在招商过程中，好项目、大项目招引落户的难度很大，项目的信息量也比较少。尽管针织城近几年收入增长较快，但是，针织城现有业态层次明显偏低，整个商务圈截至 2012 年末还没有国外的世界 500 强企业入驻，产品档次低、经营规模小，增长潜力十分有限。而有的商务区是依托高楼而建，临街店面较少，且 80% 以上的临街店面均被银行占用，所以社零企业发展空间不足。

（二）诉求

1. 加强集聚区发展总体规划

复兴国际商务广场建议细化集聚区定位，避免由于行政区划方面的原因，造成区域间重叠定位，项目重复引进，重复投资，无序竞争情况的存在。

2. 加强集聚区政策信息引导

东方电子商务园建议围绕集聚区发展遇到的主要问题，定期沟通和协调解决建设中的难题，帮助牵头规划、国土、建设、交通、人事等部门，化解难题；组织有关集聚区上门招商，拓宽视野，加强合作，推进集聚区国际化进程；开展各类针对性强的培训活动，提高集聚区的管理服务水平。

3. 协助集聚区招商引资（人）

加大招商引资力度，实施产业链招商。希望重点引导一批国内外知名、拥有风投跟进或先进技术的优势企业向现代服务业集聚区集聚。同时，注重引进一批服务业领军人物，并积极开展现代服务业高端人才培训、认证，不断提升服务业集聚区的能级和水平。

五、科技城（产业集聚区）的政策诉求

通过对新加坡杭州科技园、浙大网新、杭州数字娱乐产业园、未来科技城（海创园）、东部软件园、青山湖科技城 6 家科技城（产业集聚区）的调研，梳理出科技城（产业集聚区）存在的困难和政策诉求。

（一）困难

1. 空间不足，重大项目招引难

当前集聚区内的入驻企业已经饱和，想要做大，但周边没有地块再进行扩展，只能到其他区域或其他省市去发展集聚区块。企业成长壮大后，需要较大场地及更好的办公环境，但城区产业园园区的实际情况及周边密集、较高的楼宇价位，严重制约了园区毕业孵化企业及拓展快速的企业继续在周边发展，如杭州数字娱乐产业园集聚区面临园区发展空间不足的问题。一些产业园尽管总体发展势头良好，但是规模较大、具有龙头效应的大项目、好项目仍然较少，如科技城服务业且受当前经济形势影响，重大项目招引难度较大。新加坡杭州科技园尚处于建设运营初期，人气不旺，加之周边配套相对不完备，直接影响企业入驻园区的投资意愿。

2. 竞争加剧，产权保护不健全

近年来，新兴园区不断涌现，相继都出台各自的优惠政策，如数字娱乐产业园集聚区部分成长性较好的企业被外区的优惠政策吸引迁出，尤其是附近房租较低的余杭海创园。产业园区知识产权保护体系还不是很完善，多数企业没有自己完善的知识产权战略，也没有设立知识产权管理机构和人员，

和知识产权服务机构的协作互动不是很理想，这在一定程度上抑制了整体创新能力的提升，从而影响到企业的长远发展。

3. 筹资困难，服务功能仍欠缺

近年来，受一系列主客观因素影响，科技城内一些项目出现资金紧张，严重影响到项目进度，希望政府能帮助科技城内企业组建一批具有较强资金实力和融资能力的综合性、专业性、项目性的融资平台，为集聚区项目建设提供可靠的资金保障。浙大网新逐步向 KPO、软件集成总包等高端业务转型，总包大项目资金缺口较大。青山湖科技城等公共科技服务平台建设尚处于启动阶段，孵化器管理运行服务体系正在建立，科技服务功能依然欠缺。另外，交通也是企业的困难之一，企业每年需要几百万的资金来解决园区上班员工的上下班问题。希望政府能够为园区多开通几路公共巴士特别是在上下班高峰时间，其余时间可以保证有一辆公共巴士在园区和城市 CBD 之间运行。

4. 定位偏差，产业引领不明显

一些集聚区为了提高出租率，聚集人气，有时引进的企业与园区定位有偏差，导致集聚区内缺乏龙头企业、重点企业，产业集群和主导性不明显。如从新加坡杭州科技园企业构成看，小企业多，大企业少，能够在一定范围内起到带动引领作用的大企业数量甚少。企业规模小，在融资、风险承担等方面水平低，对集聚区来说，形成了小企业、小项目多，大项目、大企业难以引进的格局，不利于集聚区内产业集聚发展。

（二）诉求

（1）集聚区的评定考核标准建议以集聚类企业占集聚区内企业总数的比重为标准，增大“集聚”效应的考核指标。

（2）希望有关部门在招商引资方面给予指导、督促，在招商资源方面给予引荐，帮助科技城提高招商服务水平，引进一批大项目，提升园区整体结构水平。改变以政府为主体的传统招商模式，代之以市场招商的运作方式，希望从政策层面上鼓励企业招商引资，加大企业招商的政策支持力度，增加企业招商动力，充分利用第三方丰富的行业研究及项目投资经验，大力推进第三方招商工作，提高工作实效。

（3）政府能够在人才房的政策方面给予更多的支持。杭州的生活成本每年大幅增长，企业为了留住人才不惜付出更高代价但是也没有办法解决住房问题。希望政府能够多出台一些人才房方面的政策。为更好地发展小型企业，建议政府部门能为这类企业就近提供部分员工平价租赁房，减轻企业发展中的压力。

（4）希望地方政府除了给集聚区内企业支持外，也能够给区外企业的重点项目同样的扶持，使集聚区内年轻企业有更好的创业环境，使成长型企业有一个相对宽松的发展空间，让集聚区内外企业能够做大做强。

（5）为了环保出行，建议政府统一为集聚区内企业提供通勤班车，费用由园区内的企业按照坐班车人数进行分摊。在提倡环保出行、提供便利的同时，也可减轻集聚区周边停车位不足的压力。

六、特色街区（综合体）的政策诉求

通过对湖滨（南山路）综合体、清河坊·南宋御街、小营街道3个特色街区（综合体）的调研，对其困难与诉求进行了梳理。

（一）困难

1. 配套缺失，商户反映强烈

清河坊街区物业条件差、停车位难以解决、交通动线等问题都是制约街区发展的因素，也是现有商户反映最为强烈、矛盾最为突出的问题。随着湖滨银泰的建成，提供大量的地下停车位，将有效缓解湖滨地区的停车难问题。南山路缺少大型的停车场所，严重影响了街区商家的经营。

2. 产权复杂，业态引导困难

与整体布局、统一招商的湖滨地区业态相比，南山路的商铺有军区的，有中国美术学院的，有省市区各单位的，也有个人的，产权、物业较为复杂，管理机构对南山路的布局和业态引导实为困难。清河坊也由于产权关系，业态很难掌控，低档丝绸、茶叶盛行，降低了清河坊的文化性。中低档的饰品成为经营户逐利的新增长点，业态同质化日趋严重。

（二）诉求

（1）街区需要有科学、统一、国际化的道路指示系统，才能方便游客出行。

（2）湖滨（南山路）综合体希望明确树木、花草、道板等设施的职责，落实养护资金和职责；实施亮灯工程建设并接入路灯网，给予政策、经费等方面的支持。

（3）湖滨（南山路）综合体活动、广告、装修的审批等各自为政，对整体管理不利，是否在政策法规允许的范围内适当放宽管理机构的管理权限。

（4）小营街道服务业集聚区呼吁省、市设有专门针对健康服务业的扶持政策。许多针对现代服务业的政策，在执行层面存在困难，对企业的吸引力和扶持力度不大。

七、专业市场的政策诉求

通过对浙江金恒德汽车物流广场、浙江纺织采购博览城 2 个专业市场的调研，对其困难与诉求进行了梳理与分析。

（一）困难

1. 配套设施不全

如位于杭州市萧山区衙前镇的浙江（中国）纺织采购博览城（简称中纺城），是杭州市国家级服务业改革和试点基地拓展区，也是萧山第一批现代服务业集聚示范区，是萧山的“百亿市场”。萧绍收费站绍兴段已于 2012 年 10 月撤销，但杭州萧山段仍在单向收费。中纺城反映，收费站的存在严重制约了中纺城的发展，希望尽快撤销萧绍收费站，以促进中纺城的繁荣。中纺城内还缺少银行入驻，给市场经营户的经营带来了诸多不便，影响了中纺城市场的稳定，中纺城希望能得到上级部门协调，入驻一家银行。

2. 整合力度不够

杭州在专业市场发展规划（2007—2012 年）中，明确要求对专业市场布局进行调整，整合现有资源，改造传统交易方式，实现从“市场大市”向“市场强市”的跨越。金恒德汽车物流广场反映，至今杭州市还存在不少规模小、管理不规范的汽配市场，不同业态的其他类型市场也针对汽配行业进行非法招商。金恒德汽车物流广场希望政府加快推进汽配用品市场的整合进度，加快市区规模小、经营管理不规范的同类市场转移搬迁。

3. 土地供应滞后

土地供应滞后，直接影响了集聚区的经济效益与社会效益。如浙江金恒德汽车物流广场 2007 年取得了全部土地指标，支付了部分土地款、规费等各种原始投入成本，但二期土地至今仍未落实。汽车物流广场希望能加快二期土地供应，以早日完成金恒德二期项目，否则，在企业投入巨大人力、物力和资金的情况下，很容易造成企业陷入困境甚至破产。

（二）诉求

（1）支持 O2O 商业生态圈新模式。为积极打造汽车后市场新模式，金恒德汽车物流广场对线上平台建设和线下实体打造同步推进，其中线下打造的汽车服务连锁重点放在杭州试点先行。截至 2012 年末，在推进线下汽车服务连锁试点工作中遇到困难——设立汽车服务连锁公司需先获得汽车维修服务的前置审批，而且跨区经营需重新获得新进入区域的经营资质审批，不利于新模式的发展和推广。为此，希望政府能大力支持新模式的发展，给予金恒德全市范围内一次性审批，以加快新模式发展。

（2）截至 2012 年末，中纺城的会展中心和剩余 46690 平方米土地还处于招商中，由于项目开发周期偏长，严重增加了公司的财务成本，希望得到上级部门对市场招商工作的支持。

（3）中纺城对面区块的绍兴印染厂烟囱林立，烟雾腾腾，严重影响中纺城的招商、经营，随着住宅小区的交付，此问题将日趋严重，希望政府尽快解决。

通过以上实证分析，发现现有政策供给与实际需求存在政策缝隙或政策的真空，集聚区的诉求为政策出台提供现实依据。

第三节　促进服务业集聚区发展的建议

一、总体建议

服务业集聚区是服务业发展的重要载体和必然趋势，根据杭州服务业集聚区的发展现状，借鉴国内城市的先进经验，提出总的发展建议：

在产业选择上，杭州服务业集聚区更应注重专业化和特色化，因地制宜，因势利导，深度挖掘本地区的特色资源和有利条件，大力发展相应产业链。在发展路径上，统筹发展，规划先行，通过延长产业链集聚上下游产业，形成服务业集聚区，并逐步实现由专业化向综合性的转变和过渡。

在空间上，坚持提升、改造、发展。提升即对已有较好基础并形成明显特色和优势的服务业集聚区进行功能提升。改造即对已有较好产业基础但布局不统一、特色不够鲜明的服务业集聚区进行改造整合。发展需求增长快、产业拉动作用大、增长潜力大的新兴现代服务业，建设新兴服务业集聚区。注重服务业集聚区的协调联动发展，结合省委、省政府，以及市委、市政府规划建设的城西科创大走廊和钱塘江金融港湾，在重点区域谋划一批信息服务业、科技服务业、金融服务业集聚区，以“串点成线、辐射两边”的现代服务业集聚区助推城西科创大走廊和钱塘江金融港湾建设。

在相关配套上，关注交通、市政基础设施和公共服务设施等建设，有计划有步骤地完善相关服务和功能；在政策融资等软环境上，政府应顺势而为，创新服务，提倡多元主体，以引导和调控等为主要方式。同时，放宽市场准入，健全投融资体制，加强用地保障，税费减免优惠，推进新型城镇化进程，加大财政投入，调整服务业水电气价格及收费等激励性政策措施；加快主城区市场外迁，合理规划和引导主城区批发市场逐步向四环以外布局，完善城市功能，提升服务业集聚区业态水平；加快特色商业街区建设，成为杭州具有标志性的新型商贸业态集中区和城市品牌；加快大型公共服务设施建设。

二、分类建议

（一）促进创意产业园发展的建议

1. 优化发展模式，提升品牌建设

突破传统文化产业“自发展”“内循环”的缓慢发展模式，注重文化创意与科技、资本的融合，构建“文化＋科技”和“文化＋资本”的创新发展模式，助力文化创意产业大发展。引入科技类新媒体公司，实现科技与文化产业发展的有机对接；引入各类风险投资机构，与银行建立战略合作关系，鼓励其参与文化创意企业的发展，在文化创意与金融资本之间搭建桥梁，缓解文化创意产业发展的资金瓶颈。建立“优胜劣汰”的机制，逐步实施“腾笼换鸟”，对培育期满后，仍然发展前景差，效益成果不明的企业做劝退处理，将腾出的有限空间引进优质企业，同时逐步调整园区业态分布，形成产业特色鲜明的文化创意集聚区。

2. 加强组织推广，推动产业联盟

服务业集聚区整体规模较小，品牌知名度不高，对整个区域的辐射带动能力有限，同时新兴产业发展相对滞后，技术含量不高，亟须引进国际知名工业设计服务机构、工业设计企业等，不断加强研发和服务能力，增强自身实力，提高核心竞争力。积极开展各类工业设计宣传活动，依托开发区高教园区资源，定期举办大学生毕业作品展。积极开展工业设计企业、工业设计服务机构、制造业企业之间的对接活动，搭建产业联盟，充分发挥各自优势，资源共享，实施联动开发，并通过设计创新，实现产品升级换代，促进工业设计成果转化。

3. 完善创新环境，提升服务平台

文化与科技的融合作为现代服务业产业转型升级的一条创新之路，势必需要合适的环境土壤来培育。一是制订特色产业政策，优化原有的文创、科技政策，发挥政策导向功能，建立制度激励机制，培育更多的文化与科技融合新型企业；二是推动园区产业集群各企业的相互配套和行业新产品研发过程中的相互配合，加强与美院等艺术高校及浙大等下属的科研院所合作，使科技服务、科技成果转化渠道更加顺畅；三是搭建适用于文化创新的公共服务平台，形成从企业成长过程中的项目申报、政策咨询、成果鉴定及业务培训等常规性服务，再到企业产业化阶段的融资担保、技术开发、国际合作及人力资源等深层次服务的创业体系，满足企业有关工艺创新、人才培训、项目融资等多种需求；四是吸引一批中介服务机构进驻园区，建立和服务机构的联动机制，增强服务的能力和成效；五是加强培训，增强管理人员专业素质，提高人员服务能力，进一步提高为企业提供咨询服务等能力。

（二）促进物流集聚区发展的建议

1. 促进国际物流业务发展

依托机场资源，优化物流园区营运环境，引导和鼓励国内外航空公司拓展国际货运业务。一方面，深化与南航在货运业务方面的合作，扩大远程货机航线合作成果，争取开发新的国际全货机航线。另一方面，加强与顺丰、圆通、邮政等快件公司的合作，支持快件运营商拓展国际性业务。

2. 激发各类市场主体活力

探索股权多元化改造，发展混合所有制经济，放大国有资本影响力，按照“实现优势互补，推动互利共赢”的原则，引进优势企业在园区内投资建设，吸收先进管理经验、技术手段，进一步激发市场主体活力，构建富有活力和竞争力的园区经营机制。

3. 培育跨境贸易电子商务

充分借助杭州市打造全国电子商务之都契机及杭州市电子商务产业和应用水平国内领先优势，依托阿里巴巴网、淘宝网、酒水网、化纤网等一批国际、国内大型电子商务网站建设发展，以跨境贸易电子商务为引领，打造定点面向国家及当地龙头网商的跨境贸易电子商务基地，鼓励发展现代电子商务业务的专业物流企业，培育跨境贸易电子商务杭州配送中心。

（三）促进旅游综合体发展的建议

1. 建立“选商”评价体系

良渚文化旅游休闲区近年来招商引资形势比较好，有多个知名重大项目纷纷选择落地良渚，良渚的招商引资已实现从“招商”到“选商”的转变，但在集聚区“选商”过程中，是否符合集聚区的产业发展定位？是否值得引进？是否值得花较大成本和代价引进？特别对于文化创意类企业，若从经济量化指标单纯评估缺乏科学性，希望有一套权威的评价体系，对拟引进项目进行全面的科学的评估，让街道可以更好地择优择强，选择引进一些有潜力的项目。

2. 加快民宿经济发展

以民宿经济的发展为抓手，在“美丽乡村”策划时要明确发展民宿思路，布局休闲业态，考虑整体环境。在建设中要保留村庄本色和历史文化，预留公共服务空间，整村考虑消防、卫生、污水处理等设施，为民宿经营做好基础工作。同时，引导各村从本村经济基础、区位优势、资源条件等实际情况出发，因地制宜、发挥优势，通过挖掘自然资源潜力、依托集体土地、对集体资产的提升改造、租赁闲置民宿资源等方式完善公共服务，发展配套服务业，增加村级集体经济收入。

（四）促进商务集聚区发展的建议

创新服务模式。建立政府与社会化服务有机融合的公共服务模式。充分调查研究集聚区企业的生产服务需求，有关政策咨询等需要政府层面解决的服务，由管委会及街道实施解决。对于业务培训、行业合作等方面的工作，则引入专业社会机构、行业协会等社会化服务满足需求。集聚区多次邀请工商、税务等行业职能部门开展咨询服务，并与普华永道、浙大律师事务所等专业机构合作，入企业开展业务培训服务，政府和社会化服务有机融合，充分满足企业需求。

（五）促进科技城（产业集聚区）发展的建议

1. 坚持先规划后集聚

有一个好的规划是搞好服务业集聚区建设的前提和基础。针对有些服务业集聚区缺乏科学规划的问题，要依托开发区、工业园区、科技园区、高教园区，以开发区特色为核心，规划设计各服务业集聚区的业态，保证定位准确，布局合理，特色明显，循序发展。要通过公开招投标，择优选择规划设计部门和设计方案，严把方案审核关，真正做到以战略眼光，高起点高标准规划，为集聚区的特色化、功能化、集约化、品牌化发展奠定基础。要通过规划引领，以现代服务业集聚区建设为主抓手，着力打造城市服务功能的新载体，经济增长的新方式和开发区形象的金名片。

2. 创新招引理念与做法

服务业集聚区建设周期相对较长，投资也较大，必须引进有较强实力的企业对集聚区进行管理，这就既要加大招商力度，又要注意有选择性地招引。对有投资意愿和入驻发展的客商特别是大客商要跟踪服务，耐心协商。要注重引进科技型企业和发展前景较为光明的现代服务业企业，发展高端服务业项目，提高集聚区整体质量。重点培育一批集聚区内的龙头骨干企业，影响和凝聚更多的服务业企业入驻园区，真正做到技术领先，产业集聚。

3. 重点培育生产性服务业集聚区

生产性服务业集聚区是工业发展的助推器，是提升城市综合功能的重要载体。根据杭州的产业特点和地区优势，积极发展并合理引导生产性服务业集聚发展，努力打造具有本地特色的生产性服务业集聚区。当前要重点围绕现代物流、科技、软件、文创和服务外包等产业，着力培育一批对工业、对提升城市功能作用大的现代服务业集聚区。

4. 支持集聚区重大项目建设

符合条件的重大项目优先作为年度重点项目，同等条件下优先申报。加快集聚区内高新技术企业项目申报，加大财税和金融扶持力度。对财政贡献较大的企业，在银行流动资金贷款上可适当给予贷款贴息。属于国家重点支持的高新技术企业，可适当减免企业所得税。加大人才政策支持力度，在引进高层次人才、设立科研机构、吸引留学人员创业等方面向产业集聚区重点倾斜。对产业集聚区引进的高层次和紧缺人才，适当实行优惠措施。

第四节　促进服务业集聚区发展政策创新方向

一、适当调整集聚区认定标准

（一）集聚区类型的调整

根据杭州市现有集聚区认定管理暂行办法，按照集聚业态的不同，现代服务业集聚区可以划分为现代物流业、金融服务业、科技服务业、文化创意产业、信息与软件业、大旅游产业、商贸服务业、中介服务业八类。经过这两年杭州市集聚区的实际认定操作和工作中的经验总结，并且适应杭州市产业发展重点领域（“十二五”规划纲要提出大力扶持发展十大产业）的变化，需认定的集聚区类型和部分现有集聚区类型的名称都需要做一定的调整。具体如表9–3所示：

表9-3　集聚区类型名称调整表

序号	原有类型	序号	新类型	备注
1	现代物流业	1	现代物流业	未改动
2	金融服务业	2	金融服务业	未改动
3	科技服务业	3	科技服务业	未改动
4	文化创意产业	4	文化创意产业	未改动
5	商贸服务业	5	商贸服务业	未改动
6	信息与软件业	6	信息软件产业	改名称
7	大旅游产业	7	旅游休闲产业	改名称
8	中介服务业			取消
		8	电子商务产业	新增
		9	商务服务	新增

1. 更名的集聚区类型

文化创意、旅游休闲、金融服务、电子商务、信息软件、先进装备制造、物联网、生物医药、节能环保、新能源这十大产业，是杭州在“十二五”期间重点发展的领域。为加强发展现代服务业、加快服务业集聚区建设与杭州市推进十大产业工作的衔接，现有“大旅游产业集聚区”可更名为“旅游休闲产业集聚区”，“信息与软件业集聚区”可更名为“信息软件产业集聚区”。

2. 取消的集聚区类型

中介服务企业一般规模较小、占用空间不大，较容易在集聚区周边的较小空间生存，而且其服务其他行业属性更为明显，易于与其他行业相伴而生，虽然杭州市已经有一些中介服务特色楼宇，但难以形成以中介服务为主要业态的现代服务业集聚区。截至 2012 年末认定的 32 个重点类、培育类现代服务业集聚区中也尚未有中介服务业集聚区。因此，可以考虑取消该类集聚区的认定。

3. 增设的集聚区类型

一是电子商务。电子商务是杭州市大力扶持发展的十大产业之一，拥有阿里巴巴、淘宝网、生意宝等一批龙头企业，具有良好的产业发展基础，是长三角区域规划为杭州市定位的“四中心一基地”之一。而且杭州市还是国家电子商务试点城市。

二是商务服务。取消了中介服务业集聚区后，可考虑增设以商务楼宇、高档酒店为载体，包括中介服务、金融、办公、酒店、休闲等业态的综合性商务服务集聚区。前期已有市楼宇办牵头编制了《杭州市区总部企业集聚区建设规划》、总部企业的认定办法，可考虑将总部企业集聚区和现有认定管理办法的中介服务业集聚区一并纳入商务服务集聚区进行统一认定管理。

（二）集聚度指标的调整

集聚区认定管理暂行办法对不同类型集聚区的占地规模、建筑面积、入驻企业数量、经营收入等指标做了一定要求，根据实际认定中发现的问题做调整（见表 9-4）。主要调整思路是：

1. 减少土地相关指标

现有标准对土地、建筑面积都做了要求，但金融、科技、文化创意、信息软件等大部分服务行业与服务规模直接相关的指标是建筑空间，对用地规模没有特别要求。因此，在建筑面积具备一定规模的前提下，从节约集约使用土地的角度出发不宜过分追求用地规模。

2. 与相关文件做衔接

主要是文化创意产业的认定标准。《杭州市文化创意产业园区认定和管理办法》对文化创意产业园的“发展空间规模”做了一定的要求：原则上规划建筑面积不少于 6 万平方米，且用于发展文创产业的建筑面积占总规划建筑面积的比例大于 85%（其他建筑面积可视为用于园区配套设施用房）。

3. 结合杭州城市特色

杭州是著名的旅游城市，正经历从旅游城市到城市旅游的变迁，在城市中心有西湖、运河、历史街区等发展城市旅游的重点区域，在这些区域显然无法满足现有标准对旅游休闲产业集聚区“土地开发100万平方米以上”的规定，因此，在调整中不再对土地做要求，而为突出重点增加了“区内有AAA级以上景区”的要求。

表9-4 集聚区类型调整表

序号	原有类型	原标准	序号	新类型	新标准
1	现代物流业	规划土地开发100万平方米以上，建筑面积20万平方米以上；入驻物流企业50家以上，其中年营业收入超过1000万元的不少于10家，或入驻物流企业6家以上且总营业收入超过10亿元	1	现代物流业	规划土地开发100万平方米以上，建筑面积20万平方米以上；入驻年营业收入超过1000万元的物流企业不少于10家，或入驻物流企业6家以上且总营业收入超过10亿元
2	金融服务业	规划土地开发10万平方米以上，建筑面积35万平方米以上；入驻各类省级以上金融机构及其总部20家以上	2	金融服务业	规划建筑面积35万平方米以上；入驻各类省级以上金融机构及其总部20家以上
3	科技服务业	规划土地开发5万平方米以上，建筑面积10万平方米以上；入驻科技型企业20家以上，或入驻科技型企业5家以上且总销售（营业）收入超过5亿元；研发投入占总销售（营业）收入的比重达到8%以上	3	科技服务业	规划建筑面积10万平方米以上；入驻科技服务业机构20家以上
4	文化创意产业	规划土地开发5万平方米以上，建筑面积10万平方米以上；入驻创意工作室或服务性公司20家以上，拥有一定数量的自主知识产权，原创产品占有一定的市场份额	4	文化创意产业	规划建筑面积6万平方米以上；入驻文创单位（企业、工作室等）50家以上；文创产业产值占集聚区总产值90%以上
5	商贸服务业	规划土地开发15万平方米以上，建筑面积30万平方米以上；其中商贸综合体、特色街区入驻商贸零售批发类200家以上，年营业收入10亿元以上，其中新型专业市场年市场交易额超过100亿元，且居全省同类市场前列	5	商贸服务业	规划建筑面积30万平方米以上；其中商贸综合体、特色街区入驻商贸零售批发类200家以上，年营业收入10亿元以上；新型专业市场年市场交易额超过100亿元，且居全省同类市场前列

序号	原有类型	原标准	序号	新类型	新标准
6	信息与软件业	规划土地开发10万平方米以上，建筑面积15万平方米以上；入驻软件或信息服务企业20家以上，其中年销售收入超过1000万元的企业不少于8家，或入驻软件或信息服务企业5家以上且总销售收入超过5亿元；拥有自主知识产权的软件收入在所有收入中占有相当比例	6	信息软件产业	规划建筑面积15万平方米以上；入驻软件或信息服务企业20家以上，其中年销售收入超过1000万元的企业不少于8家，或入驻软件或信息服务企业5家以上且总销售收入超过5亿元
7	大旅游产业	规划土地开发100万平方米以上，市区要求建筑面积在8万平方米以上；县城和中心镇要求建筑面积在3万平方米以上；入驻购物、旅游、娱乐、休闲、餐饮等各类企业30家以上	7	旅游休闲产业	区内有AAA级以上景区和较完善的配套休闲娱乐等服务设施；市区要求规划建筑面积8万平方米以上，非市区要求建筑面积3万平方米以上；入驻旅游开发、购物、旅游、娱乐、休闲、餐饮等各类规模（限额）以上单位20家以上
8	中介服务业	建筑面积5万平方米以上，入驻会计、法律、咨询、信息等中介服务企业和机构50家以上，年营业收入6亿元以上			
			8	电子商务产业	规划建筑面积4万平方米以上；入驻电子商务、互联网规模（限额）以上单位10家以上
			9	商务服务	规划建筑面积50万平方米以上；亿元楼宇3幢以上，或3亿元楼宇1幢以上；入驻各类企业总部30家以上

二、完善集聚区管理办法

（一）健全管理体制

按照“属地管理”“市，区、县（市）共建”的原则，进一步加强杭州市服务业集聚区的申报认定、基本建设、经营管理、考核评估等工作的组织机构建设，着力建立由“杭州市—区、县（市）—现代服务业集聚区（街道、管委会或企业）”三级机构组成的层次分明、责任明确的杭州市现代服务业集聚区组织管理体系。

（1）在市一级。市发展和改革委员会牵头负责现代服务业集聚区的规划指导、认定管理和评价考核等工作，协调解决集聚区建设和发展中的重大问题，组织拟订全市服务业集聚区发展政策和体制改革方案，并指导实施。下一步的工作重点是加强市十大办、楼宇办、服务业办等部门之间的职能整合，形成合力；推进市现代服务业集聚区公共服务平台建设，加大对市级集聚区的管理、考核和服务工作。

（2）在区、县（市）一级。各区、县（市），省级以上开发区的服务业主管部门负责推进本区域内的现代服务业集聚区发展工作，并协助市发展和改革委员会、市服务业促进局做好有关管理工作。由于各区、县（市）的机构设置和职能划分不同，服务业集聚区建设及相关工作的管理部门差异较大。要重点做好各区、县（市）服务业管理部门的责任落实，切实发挥各区、县（市）服务业管理部门在集聚区组织管理体系中承上启下的枢纽作用。

（3）在集聚区一级。由集聚区的建设管理主体负责做好与市、区、县（市）集聚区主管部门的各项对接工作。着力克服街道、管委会、企业等不同类型集聚区管理主体带来的管理难题，通过采用自愿申报、政策优惠、服务措施等手段提高管理手段的有效性。

（二）创新工作机制

1. 服务业集聚区的申报认定

现代服务业集聚区的申报认定应当坚持自愿申报、分批认定、分级管理的原则。

（1）"自愿申报"是指集聚区的管理主体可以自主决定是否申报市级服务业集聚区。"自愿申报"是做好认定后对集聚区的规划指导、政策支持、日常管理、考核评价等各项工作的基础。

（2）"分批认定"是指每年按规定开展一次或多次的认定工作，体现了这项工作的长期性、稳定性，有利于增强工作的及时性。

在具体操作过程中，可以调整当前实施的"集中申报、整批认定"为"全年申报、分批认定"，以更好地推进集聚区建设。

（3）"分级管理"是指市，区、县（市）两级政府各自牵头开展市级，区、县（市）级服务业集聚区的认定工作，市级集聚区的认定要以区、县（市）级服务业集聚区的认定管理为基础，区、县（市）要研究制订相应的认定管理办法，形成逐级管理的工作机制。“分级管理”是强化全市服务业集聚区管理工作的有效手段，有利于调动各区、县（市），省级以上开发区的工作积极性。

2. 现代服务业集聚区的考核评价

市级现代服务业集聚区是市政府对区、县（市）政府，省级以上开发区实施服务业集聚区建设绩效考核评价的重点。市发展和改革委员会、市服务业促进局要将现代服务业集聚区的发展纳入服务业年度目标的考核范围，定期组织对现代服务业集聚区进行评估，对集聚区管理、入区企业情况、投入、产出、税收、就业及地方经济的贡献度等指标进行评审。对集聚区资格实行动态管理，连续两年考评不合格的集聚区，取消其市级现代服务业集聚区资格，不再享受市级现代服务业集聚区的各项优惠政策。集聚区因故需变更建设规划或发生其他重大事项时，应及时报告市及区、县（市）服务业管理部门，市服务业发展领导小组办公室会同有关部门根据情况决定是否撤销认定或进行重新认定。

三、现代服务业集聚区的日常管理

通过例会制度、公共服务平台建设、统计直报制度等，加强对集聚区建设的日常管理。

（一）强化对集聚区建设的组织指导和协调

把全市现代服务业集聚区的建设发展作为服务业例会的重要内容，由市发展和改革委员会、市服务业促进局牵头，各有关单位要加强协调配合，定期沟通和协调解决集聚区建设中的难题，共同推进杭州市现代服务业集聚区的健康快速发展。

（二）建设现代服务业集聚区公共服务平台和服务业集聚区统计直报制度

采用“一加多”的架构形式建设现代服务业集聚区公共服务平台，整合全市重点类、培育类服务业集聚区的各类信息资源，建立现代服务业集聚区数据库，将现代服务业集聚区名录、建设和发展情况、投资效益情况、入区企业情况、引进人才情况等作为重要内容，进行动态跟踪和监测。

四、加大政策扶持力度

从当前集聚区建设的现状、存在的困难和制约因素出发，借鉴国内其他城市集聚区建设经验，重点在以下方面加大政策创新力度。

（一）平台建设与配套完善方面

1. 完善配套设施

从完善功能、集聚人气和营造氛围出发，以入驻企业的共性需求为导向，合理配置商务、商业、文化、休闲、会展、餐饮、酒店、娱乐、住宿等功能，推动集聚区配套设施的完善，提升综合服务功能。加强供水、供气、公交等公用事业基础设施建设和运行维护管理，完善交通集散、信息网络、教育文化、医疗卫生等综合配套设施。对位于城市重点建设的新兴功能区的集聚区，优先支持其内市政工程、公共交通配套建设。

2. 丰富平台建设内容

当前平台建设是杭州市服务业集聚区建设中的一个薄弱环节，服务业集聚区内中小服务业企业普遍面临融资难、配套缺的问题，要以平台内容建设和机制建设为重点，按照“政府引导、市场运作，面向产业、服务企业，资源共享、注重实效”的原则，积极探索服务业公共平台的建设方式和发展模式，积极引入第三方专业公司，加强公共服务平台中投融资、创业服务、科技信息、商务服务、人才培训等服务体系建设，大力推行“一站式”及后续跟踪服务，满足服务业企业发展需求。同时通过构建与国际化接轨的科技合作及转移平台、信息共享技术支持平台、综合商务运营平台和第三方公司协作平台，形成对国际服务企业有吸引力的商务环境。

3. 对平台建设进行专项扶持

可考虑在现有服务业引导资金盘子中切块专项设立服务业集聚区平台建设扶持资金。对以企业为主体进行建设的服务平台项目，通过专项资金予以重点支持，并优先推荐其申报省级现代服务业发展引导资金补助。对集聚区发展初期的公共服务平台，承办单位应适当减免其租金费用；服务平台按规定纳税确有困难的，经地税部门批准，可给予房产税、城镇土地使用税、水利建设专项资金等减免优惠。

（二）集聚区管理运行方面

1. 创新开发模式

积极支持园区采用政府、开发商、专业管理公司联合开发模式，注重市场化运作，择优引进专业管理方和开发商，协调各方利益关系，鼓励外资、民资和各类社会资本参与开发建设，吸引各类社会资本和经济主体参与集聚区的建设发展。

2. 打造产业链

吸引相关产业的上下游企业和信贷、融资、咨询、物流、孵化等各类专业服务企业入驻，在满足企业开展基本商务活动的同时，不断改善和优化区域整体商务环境，为企业提供及时、便利、高效的服务，促进企业之间的业务往来和联动发展，实现商务活动的高效、优质。

（三）品牌推广和招商宣传方面

1. 加大品牌宣传力度

积极开展集聚区品牌的创建工作，鼓励委托高水平策划机构对集聚区进行整体策划包装，提升集聚区的整体品牌知名度。鼓励集聚区完善功能、提升能级，支持品牌输出管理，不断拓展集聚区的品牌效应。利用多种形式加强对省、市级服务业集聚区的宣传力度，树立集聚区良好的发展形象，促进集聚区招商引资。统筹策划和组织安排集聚区的统一形象宣传，全面客观地展示集聚区建设成果，扩大社会影响力和公众认知度。

2. 强化招商推介

扩大服务业集聚区对外开放水平，积极推进产业链招商、以商引商，充分发挥行业协会、投资促进机构、已入驻企业等在招商引资中的作用，形成多渠道、多方位的推介格局。突出金融服务、信息软件、文化创意、电子商务、旅游休闲等重点，开展集聚区专题招商，着力引进关联性大、带动性强的大企业、大集团及总部、研发中心、营运中心等功能性机构，推动服务业招商引资实现新突破。并把招商引资和招才引智相结合，在引进一批高层次服务业领军人才的同时，注重培养和吸收服务业高端人才，为服务业集聚区的发展提供智力支持，有效提升杭州市现代服务业发展水平。

（四）财税扶持方面

1. 加大财政资金对集聚区的支持力度

用好用足本市服务业引导资金等各类专项资金，对重要的功能性项目和龙头企业，优先考虑在专项资金中予以扶持，并积极争取国家、省的服务业引导资金扶持。鼓励市、区县两级政府加大对集聚区基础设施建设和重点产业项目的专项资金扶持力度。

2. 扩大奖励对象范围

集聚区的管理运营人才在提升集聚区发展质量和水平中发挥核心作用，在这类高端人才紧缺的情况下，必须加大激励力度。在现有集聚区认定奖励主要针对集聚区管理主体的基础上，扩大奖励对象范围，对集聚区建设管理起关键作用的个人进行重奖，允许奖励资金直接归个人，以强化对重要管理人才和相应团队的吸引。

（五）要素保障方面

1. 土地要素

在进一步完善土地利用规划和计划管理，逐步增加服务业用地比重和总量的基础上，全市年度新增建设用地指标向服务业集聚区内服务业产业项目建设适当倾斜。引导存量土地投入服务业发展。闲置土地的处置和盘活，以及在城市发展建设中收购储备的存量土地，优先用于发展现代服务业和建设服务业集聚区，其中利用原工业厂房的，土地用途可暂不变更。强化对服务业土地利用的功能引导，服务业集聚区主导产业用地总量不得低于园区产业用地总量的60%。

2. 人才要素

优先落实服务业各类人才引进和培育政策，吸引国内外行业领军人才、紧缺人才集聚，为集聚区发展提供人才支撑。在实施全球引才“521”计划等六大计划和“356”培训工程等六大工程过程中，注重引进和培养服务业高端创业、创新型人才及集聚区公共管理人才。

（六）加强项目推进方面

1. 落实三个优先

现代服务业集聚区内的项目优先列入市服务业重大项目计划和市重点建设项目，优先安排建设用地指标和市服务业引导资金，优先推荐申报国家、省服务业引导资金和国债专项资金等。

2. 建立两级重大项目推进责任机制

借鉴南京经验，市各行业主管部门承担列入年度计划的本行业重大项目推进责任，会同区、县（市）政府，定期开展日常协调服务工作，协调解决项目建设难点问题，形成市行业主管部门和区、县（市）政府共同推进重大项目的两级责任机制。

3. 加强项目跟踪管理

对于集聚区内项目建设要实行动态统计，专项管理，跟踪推进，并建立相应的考核评价体系，把项目投资、贡献率、辐射带动作用和产业集聚程度等纳入考核内容。

（七）完善政府管理服务方面

1. 协调重大问题

对于重中之重的服务业集聚区，实行市及区、县（市）部门领导直接联系制度。完善服务业综合协调例会机制，将服务业集聚区重大问题列入重要协调内容。实行普惠机制，协调例会针对某一集聚区明确的政策，如果具有普遍性的，其他集聚区自动同等享受。

2. 优化行政审批服务

对入驻集聚区的企业实行注册登记“一条龙”服务，免收地方行政规费。探索集聚区项目建设审批“绿色通道”，对规划建设的集聚区内重点项目，在规划控制、土地供应、基础设施配套等方面给予优先考虑和重点支持。

参考文献

[1]〔德〕阿尔弗雷德·韦伯.工业区位论[M].李刚剑，陈志人，张英保，译.北京：商务印书馆，1997.

[2]〔德〕奥古斯特·勒施.经济空间秩序[M].王守礼，译.北京：商务印书馆，2010.

[3]〔德〕沃尔特·克里斯塔勒.德国南部的中心地[M].常正文，王兴中，等，译.北京：商务印书馆，1998.

[4]〔美〕阿弗里德·马歇尔.经济学原理[M].朱志泰，译.北京：商务印书馆，1964.

[5]〔美〕埃德加·M.胡佛.经济活动的区位[M].纽约：麦格劳希尔，1948.

[6]〔美〕丹尼尔·贝尔.后工业社会的来临：对社会预测的一项探索[M].王宏周，译.北京：商务印书馆，1984.

[7]〔美〕钱纳里，鲁宾逊，塞尔奎因，等.工业化和经济增长的比较研究[M].吴奇，王松室，译.上海：上海人民出版社，1989.

[8]〔美〕迈克尔·波特.竞争优势[M].陈小悦，译.北京：华夏出版社，1997.

[9]〔美〕沃尔特·罗斯托.从起飞进入持续增长的经济学[M].贺力平，等，译.成都：四川人民出版社，1998.

[10]〔美〕沃尔特·罗斯托.经济成长的阶段[M].郭熙保，王松茂，译.北京：商

务印书馆，1985.

[11]〔美〕西蒙·库兹涅茨．各国的经济增长[M]. 北京：商务印书馆，1999.

[12]〔美〕约瑟夫·熊彼特．经济发展理论[M]. 何畏，易家祥，译．北京：商务印书馆，1991.

[13]〔英〕科林·克拉克．经济进步的条件[M]. 北京：商务印书馆，1940.

[14]〔英〕威廉·配第．政治算术[M]. 陈冬野，译．北京：商务印书馆，2014.

[15] COFFEY W J, DROLET R, POLESE M. The Intra-metropolitan Location of High Order Services：Patterns, Factors and Mobility in Montreal [J]. Papers in Regional Science, 1996, 75（3）.

[16] GASPAR J, GLAESER E. Information Technology and the Future of Cities[J]. Journal of Urban Economics, 1988.

[17] MARKUSEN A. Sticky Places in Slippery Space：A Typology of Industrial Districts[J]. Economic geography, 1996, 72（3）.

[18] MORSHIDI S. Globalising Kuala Lumpur and the Strategic Role of the Producer Services Sector[J]. Urban Studies, 2000, 37（12）.

[19] OTA M, FUJITA M. Communication Technologies and Spatial Organization of Multi-unit Firms in Metropolitan Areas[J]. Regional Science and Urban Economics, 1993, 23（6）.

[20] 安虎森．新区域经济学[M]. 大连：东北财经大学出版社，2008.

[21] 包晓雯．大都市现代服务业集聚区理论与实践——以上海为例[M]. 北京：中国建筑工业出版社，2011.

[22] 陈明仁．金融机构集聚论——金融中心形成的新视角[M]. 北京：中国金融出版社，2010.

[23] 高运胜．上海生产性服务业集聚区发展模式研究[M]. 北京：对外贸易大学出版社，2009.

[24] 管驰明，孙超玲．新时期服务业集聚研究——机理、影响及发展规划[M]. 南京：东南大学出版社，2013.

[25] 过晓颖．区域生产性服务业的集聚与创新研究[M]. 北京：经济科学出版社，2013.

[26] 蒋三庚，王曼怡，张杰．中央商务区现代服务业集聚路径研究[M]. 北京：首都

经济贸易大学出版社，2009.
[27] 李盾．中国城市服务业集聚路径研究[M]. 北京：中国市场出版社，2013.
[28] 任英华．现代服务业集聚统计模型及其应用[M]. 长沙：湖南大学出版社，2011.
[29] 陶纪明．上海生产性服务业的空间集聚[M]. 上海：上海人民出版社，2009.
[30] 王辑慈，等．创新的空间：企业集群与区域发展[M]. 北京：北京大学出版社，2005.
[31] 王先庆，武亮．现代服务业集聚研究——边界测量及效应机制[M]. 北京：经济管理出版社，2013.
[32] 王雪瑞．生产性服务业集聚研究[M]. 北京：经济管理出版社，2014.
[33] 夏杰长，姚战琪，李勇坚．中国服务业发展报告2014——以生产性服务业推动产业升级[M]. 北京：社会科学文献出版社，2014.
[34] 谢尔普．服务技术在发展中的作用[M]. 北京：商务印书馆，1984.
[35] 姚林青．文化创意产业集聚与发展：北京地区研究报告[M]. 北京：中国传媒大学出版社，2013.